承久の乱
幕府と朝廷の絆がゆらぐ
小前亮 著
斎賀時人 絵
ものがたり日本の乱 2
理論社

ものがたり日本の乱 2

承久の乱

幕府と朝廷の絆がゆらぐ

目次

登場人物

北条政子《ほうじょうまさこ》
鎌倉幕府初代将軍・源頼朝の妻

北条義時《ほうじょうよしとき》
北条時政の息子、政子の弟

比企能員《ひきよしかず》
幕府の有力御家人、娘は二代将軍・源頼家の妻

北条時政《ほうじょうときまさ》
政子の父、幕府の有力御家人

畠山重忠《はたけやましげただ》
幕府の有力御家人、武勇に優れた「鎌倉武士の模範」

和田義盛《わだよしもり》
幕府の有力御家人、武将

三《み》浦《うら》義《よし》村《むら》

幕府の有力御家人、北条義時の盟友

大江《おおえの》広《ひろ》元《もと》

幕府の有力な文官

源《みなもとの》実《さね》朝《とも》

源頼朝と政子の息子、鎌倉幕府三代将軍

公《く》暁《ぎょう》

源頼家の息子

後《ご》鳥《と》羽《ば》上皇《じょうこう》

文武両道で、『新古今和歌集』の編纂でも知られる上皇

三《み》浦《うら》胤《たね》義《よし》

三浦義村の弟、〈承久の乱〉では官軍の中心人物

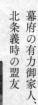

一章 陰《いん》謀《ぼう》劇《げき》の幕《まく》開《あ》け

1

正治《しょうじ》元年（西暦《せいれき》一一九九年）一月、征夷大将軍《せいいたいしょうぐん》・源頼朝《みなもとのよりとも》が死去した。数え年で五十三歳《さい》であった。

鎌倉《かまくら》は悲しみと不安の雲におおわれていた。一段《いちだん》と寒さが増《ま》し、水も人の心もこおりついた。頼朝《よりとも》に仕える武士《ぶし》、すなわち御家人《ごけにん》たちは偉大《いだい》な主君を失って、心細く感じている。

頼朝《よりとも》は平家《へいけ》を倒《たお》し、鎌倉《かまくら》に武士《ぶし》の政権《せいけん》を打ち立てた。後に、鎌倉幕府《かまくらばくふ》と呼《よ》ばれる政権《せいけん》である。頼朝《よりとも》の政治能力《せいじのうりょく》によって、政権《せいけん》は安定していたが、しっかりした制度《せいど》がつくられていたわけではない。

そのため、頼朝《よりとも》がいなくなってもやっていけるかどうか、みなが心配しているのだ。互《たが》いの顔色をうかがって、どう行動すべきか考えている。

頼朝《よりとも》の妻《つま》の北条政子《ほうじょうまさこ》はこの年、四十三歳《さい》である。政子《まさこ》は御家人《ごけにん》たちの様子を見て、内心であきれていた。

「情《なさ》けない男たちだ。頼朝《よりとも》様に恩《おん》を返すため、命をかけて頼家《よりいえ》を守ろうとは思わないのか」

頼家《よりいえ》は頼朝《よりとも》と政子《まさこ》の息子《むすこ》である。この年、十八歳《さい》で、すでに頼朝《よりとも》の後継者《こうけいしゃ》に決まっている。

政子《まさこ》の父である北条時政《ほうじょうときまさ》が言った。

「将軍《しょうぐん》様はまことに気の毒《どく》であったな。まだやりのこしたことがあっただろうに」

時政《ときまさ》は目をおさえたが、涙《なみだ》は流れていない。

「頼家《よりいえ》はまだ若《わか》い。わしが助けて、政治《せいじ》をおこなわなければなるまい」

野心を隠《かく》さない父を、政子《まさこ》は冷たい目で見つめた。

「そう考えている者は、他にもいるでしょうね」

「わしは頼家《よりいえ》の祖父《そふ》だぞ」

「では、頼家《よりいえ》に言うことをきかせられますか？」

時政《ときまさ》は返事につまった。頼家《よりいえ》は口うるさい時政《ときまさ》が好きではない。時政《ときまさ》だけでない。頼家《よりいえ》は、頼朝《よりとも》を支《ささ》えてきた有力御家人《ごけにん》たちと折り合いが悪かった。

鎌倉幕府《かまくらばくふ》の先行きは、冬の空のように暗い。

だが、政子《まさこ》は悲観していなかった。頼家《よりいえ》に幕府《ばくふ》をまとめることができなければ、自分が前に出てもいい。頼朝《よりとも》が残した武家政権《ぶけせいけん》を守り育てていくのが、自分の使命である。やりとげる自信はあった。

頼朝《よりとも》は源氏《げんじ》をひきいる源義朝《みなもとのよしとも》の息子《むすこ》であった。平治《へいじ》の乱《らん》で義朝《よしとも》が平清盛《たいらのきよもり》に敗れたとき、頼朝《よりとも》も殺《ころ》されるはずであったが、助命されて伊豆《いず》へ流罪《るざい》となった。そのとき、伊豆《いず》の地方武士《ぶし》であった北条時政《ほうじょうときまさ》が頼朝《よりとも》の監視《かんし》を命じられたため、政子《まさこ》と頼朝《よりとも》は出会う。政子《まさこ》は頼朝《よりとも》の才能《さいのう》にほれこみ、結婚《けっこん》したいと願った。

しかし、源氏《げんじ》の本流にあたる頼朝《よりとも》と、地方武士《ぶし》の娘《むすめ》である政子《まさこ》は身分の差が大きい。さらに、頼朝《よりとも》は流罪《るざい》の身で、監視《かんし》されている立場《たちば》である。二人の結婚《けっこん》に時《とき》政《まさ》が反対したのは当然であった。

「京の平家《へいけ》や朝廷《ちょうてい》ににらまれたらどうするのだ。我《われ》らはそろって破滅《はめつ》だぞ」

心配する時政《ときまさ》を、政子《まさこ》はけんめいに説得《せっとく》した。

「朝廷《ちょうてい》と清盛《きよもり》は最近、うまくいっていないようです。こちらにかかわる余裕《よゆう》はないでしょう。それより、源氏《げんじ》とのつながりを深めれば、この辺りの武士《ぶし》たちから、一目《いちもく》おかれるようになりますよ」

「うーむ。たしかに利点があると言えなくもないが……」

時政《ときまさ》が悩《なや》んでいるうちに、政子《まさこ》は頼朝《よりとも》の屋敷《やしき》に住みこんで、強引《ごういん》に結婚《けっこん》を認《みと》めさせた。この結果、北条《ほうじょう》氏は頼朝《よりとも》を支援《しえん》することになる。

やがてはじまった平家打倒《へいけだとう》の戦いに、頼朝《よりとも》も参加した。頼朝《よりとも》は東国の武士《ぶし》をまとめあげ、そして弟の義経《よしつね》の活躍《かつやく》で平家《へいけ》を破《やぶ》り、鎌倉《かまくら》に武家政権《ぶけせいけん》をつくりあげた。政子《まさこ》の人をみる目は正しかったのである。

ただ、せっかくつくった政権《せいけん》が、一代で倒《たお》れてしまってはむなしい。後継者《こうけいしゃ》の頼家《よりいえ》がどれほどの能力《のうりょく》、器量を持っているか、注目が集まった。

政子《まさこ》は、息子《むすこ》である頼家《よりいえ》に大きな期待はかけていない。偉大《いだい》な父親を見て育った息子《むすこ》は、父を超《こ》えようと無理をするか、自信をなくしてちぢこまってしまうか、どちらかで失敗することが多い。頼家《よりいえ》は前者であった。

「裁判《さいばん》はおれがやる」

頼朝《よりとも》の後《あと》を継《つ》いでまもなく、頼家《よりいえ》は宣言《せんげん》した。

土地をめぐる争いを解決《かいけつ》することは、将軍《しょうぐん》の重要な仕事のひとつだ。頼家《よりいえ》はもちこまれた問題に、自分の考えで決着をつけていった。

ところが、御家人《ごけにん》たちは頼家《よりいえ》の決定に不満であった。頼朝《よりとも》の先例にしたがっていないというのだ。

「頼家《よりいえ》様は勝手なことばかりやっている」

「あのようなふるまいでは、だれもついていかなくなるぞ」

御家人《ごけにん》たちは言い合った。

頼家《よりいえ》にしてみれば、不本意である。長らく武家《ぶけ》の頂点《ちょうてん》に立っていた頼朝《よりとも》の決定であれば、御家人《ごけにん》たちはおとなしくしたがう。頼家《よりいえ》が若《わか》くて経験《けいけん》が少ないので、文句《もんく》を言っているだけではないか。経験《けいけん》を積んで力をつければ、不満も減《へ》るだろう。

しかし、頼家《よりいえ》の考えは甘《あま》かった。

「頼家様《よりいえ》に政治《せいじ》を任《まか》せてはならぬ」

北条時政《ほうじょうときまさ》が主張《しゅちょう》すると、御家人《ごけにん》たちの多くは賛成《さんせい》した。

政子《まさこ》は迷《まよ》ったが、やがて方針《ほうしん》を決めた。

「頼家《よりいえ》は大切な息子《むすこ》だけど、ひとりで政治《せいじ》をおこなうには、あまりに力不足だ。みなに助けてもらったほうがいい」

政子《まさこ》の決断《けつだん》の背景《はいけい》には、比企氏《ひき》の存在《そんざい》があった。

比企氏《ひき》は頼朝《よりとも》を支《ささ》えた有力御家人《ごけにん》の一族で、頼朝《よりとも》の乳母《うば》、さらに頼家《よりいえ》の乳母《うば》や妻《つま》が比企氏《ひき》の出身である。この時代は乳母《うば》や妻《つま》の発言力が大きいため、頼家《よりいえ》が政《せい》治《じ》をおこなうと、北条氏《ほうじょう》よりも比企《ひき》氏の力が大きくなる。

比企《ひき》氏の力をおさえるのが時政《ときまさ》のねらいであり、政子《まさこ》もそれに乗ったのだ。

比企《ひき》氏をたばねる比企能員《ひきよしかず》は、当然ながら反対した。

「頼家《よりいえ》様は若《わか》いながらも決断力《けつだんりょく》と実行力にすぐれた御方《おかた》だ。立派《りっぱ》な将軍《しょうぐん》になるにちがいない。妙《みょう》な言いがかりはやめてもらおう」

だが、比企能員《ひきよしかず》の味方は少なかった。御家人《ごけにん》たちは、時政《ときまさ》を信用していたわけではないが、頼家《よりいえ》の能力《のうりょく》に不安があっていたので、時政《ときまさ》に賛成《さんせい》した。

十三人の有力者が指名され、頼家《よりいえ》を助けて政治《せいじ》をおこなうと定《さだ》められた。頼家《よりいえ》が独断《どくだん》で政治《せいじ》を進めることはできなくなった。この十三人は、北条時政《ほうじょうときまさ》、比企能《ひきよし》員《かず》をはじめ、頼朝《よりとも》を支《ささ》えてきた御家人《ごけにん》たちと、文書の作成を専門《せんもん》とする文官たちで構成《こうせい》されていた。

北条時政《ほうじょうときまさ》はほくそえんでいた。

「まずは第一歩だ。比企能員《ひきよしかず》の好きにはさせんぞ」

政子《まさこ》は冷静に父を見ていた。時政《ときまさ》は頼朝《よりとも》が残した政権《せいけん》を自分のものにしようとしている。比企《ひき》氏に奪《うば》われるよりはましだが、時政《ときまさ》が御家人《ごけにん》たちをひきいる器《うつわ》だとも思えない。頼朝《よりとも》は家柄《いえがら》がよく、人をひきつける魅力《みりょく》があり、話す言葉に説得力《せっとくりょく》があった。そのいずれも、時政《ときまさ》は持っていない。

政子《まさこ》の隣《となり》に、政子《まさこ》の同母弟《どうぼてい》の義時《よしとき》がいる。頼朝《よりとも》の側近だった男で、十三人の有力者の一人だ。背《せ》が高く、ととのった顔立ちをしており、いつも多くの仲間に囲《かこ》まれている。年齢《ねんれい》は政子《まさこ》より六つ下の三十七歳《さい》だ。

義時《よしとき》の父を見る目は、姉よりもするどかった。

「父上は身の丈《たけ》にあわぬ野望をいだいているのではないか」

「心配しているのか?」

政子《まさこ》の問いに、義時《よしとき》は首を横に振《ふ》った。

「いや、別に。破滅《はめつ》するなら一人で破滅《はめつ》してくれ、と思っている」

時政《ときまさ》と義時《よしとき》の仲はよくなかった。義時《よしとき》は時政《ときまさ》の息子《むすこ》では最年長だが、後継者《こうけいしゃ》と決まってはいない。時政《ときまさ》は後妻《ごさい》の産んだ子を後継者《こうけいしゃ》にしたいと考えているようだ。

「事を急ぐと、あなたが先に破滅《はめつ》するよ」

政子《まさこ》が言うと、義時《よしとき》は軽くうなずいた。

「心得《こころえ》ている。おれには親父《おやじ》よりも時間があるからな。せいぜい慎重《しんちょう》にやるさ」

義時《よしとき》は薄《うす》く笑った。父とよく似《に》た笑いであった。

三浦義村《みうらよしむら》は、有力御家人《ごけにん》の一人である。父は頼朝《よりとも》の挙兵に参加して多くの手柄《てがら》を立てており、十三人の有力者にも加わっているが、すでに七十歳《さい》を超《こ》えていて、第一線からはしりぞいていた。後継《あとつ》ぎの義村《よしむら》は、この年三十二歳《さい》だが、やせ気味で顔色が悪いので、実際《じっさい》の年齢《ねんれい》より年上に見える。

この三浦義村《みうらよしむら》と北条義時《ほうじょうよしとき》は馬が合って、よく話しこんでいた。

「これから先、おれたちが生き残っていくために、どうすべきだろうか」

「まずは情報《じょうほう》を集めるべきです。だれが味方で、だれが敵《てき》なのか。だれとだれが協力しているのか、あるいは敵対《てきたい》しているのか。そのうえで、味方を増《ふ》やし、敵《てき》を滅《ほろ》ぼします」

三浦義村《みうらよしむら》は下働きの者を使ってうわさを集めていた。鎌倉《かまくら》じゅうの武士《ぶし》の人間関係をつかんでおきたいと考えている。

「敵《てき》を滅《ほろ》ぼす、とはおだやかではないな」

義時《よしとき》は目を光らせた。言葉とは裏腹《うらはら》に、好戦的な視線《しせん》である。

「だが、やるなら先手必勝でいきたいものだ」

義村《よしむら》は義時《よしとき》の戦意をなだめるように微笑《びしょう》した。

「そのとおりですが、あせってはなりません。好機を待つこと、そして好機が来たら、ためらわずにしかけることが重要です」

頼朝《よりとも》の死は、権力闘争《けんりょくとうそう》のはじまりを告《つ》げる合図《あいず》だった。御家人《ごけにん》たちは権力《けんりょく》を得《え》るため、あるいは生き残るために、表に出ない争いをくりひろげている。刀を使った争いよりも、はげしいかもしれない。

頼朝《よりとも》が死んだ年の十月、三浦義村《みうらよしむら》は耳寄《みみよ》りな情報《じょうほう》をつかんだ。平家《へいけ》との戦いで活躍《かつやく》した梶原景時《かじわらかげとき》が、多くの御家人《ごけにん》にうらまれているという。

梶原景時《かじわらかげとき》もまた、十三人の有力者の一人だ。御家人《ごけにん》たちを監視《かんし》し、評価《ひょうか》する役《やく》職《しょく》についており、頼朝《よりとも》の信頼《しんらい》が厚《あつ》かった。源義経《みなもとのよしつね》と対立していたことで知られる。頼家《よりいえ》の側近でもあって、北条時政《ほうじょうときまさ》よりは比企能員《ひきよしかず》に近い。

梶原景時《かじわらかげとき》には、ささいなことを頼家《よりいえ》に告《つ》げ口し、謀反《むほん》のぬれ衣《ぎぬ》を着せるといううわさがあった。ある御家人《ごけにん》が三浦義村《みうらよしむら》に相談した。

「梶原殿《かじわらどの》が、私《わたし》が謀反《むほん》をたくらんでいると疑《うたが》っているのです。どうすれば、無実の罪《つみ》から逃《のが》れられるでしょうか」

三浦義村《みうらよしむら》はこれを好機と見た。北条義時《ほうじょうよしとき》と語りあって、北条時政《ほうじょうときまさ》のところへ、この件《けん》をもちこんだ。二人で行動するのは危険《きけん》なので、時政《ときまさ》を中心にした陰謀《いんぼう》というかたちにしたかったのである。

話を聞いて、北条時政《ほうじょうときまさ》は喜《よろこ》んだ。

「多くの御家人《ごけにん》の署名《しょめい》を集めるのだ。五十もあれば、景時《かげとき》を追放できるだろう」

「かしこまりました」

三浦義村《みうらよしむら》は深く頭を下げた。真っ先に向かったのは、比企能員《ひきよしかず》の屋敷《やしき》である。梶原景時《かじわらかげとき》を非難《ひなん》する文書に、署名《しょめい》してもらうためだ。

比企能員《ひきよしかず》はあっさりと承知《しょうち》した。

「うむ、景時《かげとき》は昔の手柄《てがら》を自慢《じまん》して、他人にきびしく当たるからの。和を乱《みだ》すようなら、追放もやむをえまい」

梶原景時《かじわらかげとき》がいなくなれば、頼家《よりいえ》が頼《たよ》りにする側近は比企能員《ひきよしかず》だけになる。能員《よしかず》はそう計算したのだが、頼家《よりいえ》を守る者が減《へ》ることについては、考えていなかった。

三浦義村《みうらよしむら》が集めた御家人《ごけにん》の署名《しょめい》は、わずか一日で六十を超《こ》えた。それだけ、梶《かじ》原景時《わらかげとき》はうらまれていたのである。

義村《よしむら》はその文書と署名《しょめい》を大江広元《おおえのひろもと》に提出《ていしゅつ》した。大江広元《おおえのひろもと》は下級の貴族《きぞく》だったが、頼朝《よりとも》に仕えて文官となり、今では頼家《よりいえ》を支《ささ》える十三人の一人となっている。五十二歳《さい》の小柄《こがら》な男だが、その知識《ちしき》と教養は幕府《ばくふ》に欠かせない。

大江広元《おおえのひろもと》は文書を読み、署名《しょめい》した御家人《ごけにん》を確認《かくにん》して、ため息をついた。

「梶原殿《かじわらどの》はなくてはならぬ人物だと思うのだがな」

梶原景時《かじわらかげとき》は、和歌が好きな文化人でもあった。鎌倉武士《かまくらぶし》には読み書きのできない者が多いが、景時《かげとき》はめずらしく文武《ぶんぶ》両道の人物で、大江広元《おおえのひろもと》とも親しかった。

だが、それを理由に景時《かげとき》をかばえば、広元《ひろもと》の立場《たちば》が悪くなる。

大江広元《おおえのひろもと》は頼家《よりいえ》に文書をわたした。頼家《よりいえ》は梶原景時《かじわらかげとき》を呼《よ》んで問いただす。

「……武士《ぶし》として、言い訳《わけ》はいたしませぬ」

景時《かげとき》はそれだけを口にして、後は無言をつらぬいた。頼家《よりいえ》は仕方なく、景時《かげとき》を鎌倉《かまくら》からの追放処分《しょぶん》とした。

翌年《よくねん》の一月、梶原景時《かじわらかげとき》は京へ向かって旅立った。

景時《かげとき》は顔が広く、京には和歌を通じた知り合いが多い。京で自由に行動させれば、幕府《ばくふ》にとって脅威《きょうい》となるだろう。北条時政《ほうじょうときまさ》はそう考えた。生かしておくつもりはなかった。

「景時《かげとき》を京へ行かせるな」

時政《ときまさ》は景時《かげとき》が謀反《むほん》を計画しているとして、討伐《とうばつ》の兵を送った。景時《かげとき》は京へ上《のぼ》る途中《とちゅう》でおそわれ、息子《むすこ》たちとともに討《う》たれた。

知らせを聞いた政子《まさこ》は、少しの間、目を閉《と》じて、祈《いの》りをささげた。梶原景時《かじわらかげとき》は頼朝《よりとも》の命の恩人《おんじん》である。政子《まさこ》も世話になった。だが、政権《せいけん》の安定のためには、犠牲《ぎせい》にするのもやむをえないだろう。

「これで終わりとは思えないけれど……」

政子《まさこ》のつぶやきが、不吉《ふきつ》にひびいていた。

2

建仁《けんにん》三年（西暦《せいれき》一二〇三年）、将軍頼家《しょうぐんよりいえ》は、叔父《おじ》にあたる阿野全成《あのぜんじょう》を謀反《むほん》の罪《つみ》で殺《ころ》した。阿野全成《あのぜんじょう》は頼朝《よりとも》の異母弟《いぼてい》で、政子《まさこ》の妹を妻《つま》としており、北条《ほうじょう》氏とつながりが深かった。そのため、頼家《よりいえ》は阿野全成《あのぜんじょう》を討《う》ったのである。

頼家《よりいえ》と北条《ほうじょう》氏の対立は、それだけ深まっていた。時政《ときまさ》は頼家《よりいえ》をやめさせて、頼《より》家《いえ》の弟の実朝《さねとも》を将軍《しょうぐん》にしたいと考えている。

政子《まさこ》も頼家《よりいえ》に怒《いか》りをおぼえていた。

「あの子はまったくまわりが見えていない。やはり人の上に立つ器《うつわ》ではなかった」

北条《ほうじょう》氏と比企《ひき》氏を比《くら》べたとき、北条《ほうじょう》氏のほうに味方する御家人《ごけにん》が多い。それは時政《ときまさ》をはじめ、義時《よしとき》や三浦義村《みうらよしむら》などが日頃《ひごろ》から根回しをして、味方を増《ふ》やしているからだ。比企能員《ひきよしかず》は頼家《よりいえ》の乳母《うば》や妻《つま》の父として威張《いば》るばかりで、権力闘争《けんりょくとうそう》を勝ち抜《ぬ》く努力をしていなかった。勝つのは北条《ほうじょう》氏だ。頼家《よりいえ》は生き残りたいなら、比《ひ》企《き》氏を捨《す》てるべきなのだ。

この年の秋、頼家《よりいえ》は病に倒《たお》れて意識《いしき》を失った。鎌倉《かまくら》の御家人《ごけにん》たちはおどろき、うろたえた。だれが後《あと》を継《つ》ぐのだろう。自分たちはどうなるのだろう。頼家《よりいえ》の病を心配する者は少なかった。

頼家《よりいえ》には六歳《さい》の息子《むすこ》がいる。母の若狭局《わかさのつぼね》は比企能員《ひきよしかず》の娘《むすめ》だ。この息子《むすこ》が後《あと》を継《つ》ぐのが普通《ふつう》だが、北条時政《ほうじょうときまさ》が反対した。

「六歳《さい》では若《わか》すぎる。将軍《しょうぐん》には分別のある者を立てるべきだ」

これはもちろん建前《たてまえ》で、比企能員《ひきよしかず》の権力《けんりょく》が大きくなることを警戒《けいかい》したのだ。時《とき》政《まさ》が推薦《すいせん》したのは、頼家《よりいえ》の弟の実朝《さねとも》だった。まだ十二歳《さい》である。

有力者たちが話し合い、東日本を頼家《よりいえ》の息子《むすこ》に、西日本を実朝《さねとも》にゆずることで、いったんはまとまった。だが、比企能員《ひきよしかず》は納得《なっとく》しなかった。

「ふざけるな。どうして二人で分けないといけないのだ。道理に合わぬ。息子《むすこ》が全部継《つ》ぐのが当然だろう」

このとき、頼家《よりいえ》は意識《いしき》を取り戻《もど》したり、失ったりを繰《く》り返していた。比企能員《ひきよしかず》は娘《むすめ》の若狭局《わかさのつぼね》に命じて、頼家《よりいえ》に告《つ》げさせた。

「北条《ほうじょう》を討《う》ちます。そうしなければ、お家《いえ》がのっとられてしまいます」

頼家《よりいえ》はかすかにうなずいた。

このとき、政子《まさこ》が看病《かんびょう》にやってきており、隣《となり》の部屋で話を聞いていた。若狭局《わかさのつぼね》は緊張《きんちょう》していたため、政子《まさこ》に気づかなかったのだ。

「急がなければ」

政子《まさこ》の行動は早かった。すぐに屋敷《やしき》を抜《ぬ》け出して、父の時政《ときまさ》に知らせる。

時政《ときまさ》は政子《まさこ》の報告《ほうこく》を聞いてもおどろかなかった。

「ようやくその気になったか。だが、比企《ひき》が兵を挙げても、ついてくる者は少ないだろうよ。一方、こちらはいつでも百人程度《ていど》は出せる」

政子《まさこ》は父の自信たっぷりの様子が気がかりだった。

「それでも、挙兵されるとやっかいです。戦《いくさ》になれば、犠牲《ぎせい》が出るでしょう。先手を打って彼《かれ》らを滅《ほろ》ぼすべきだと思います」

「もちろんだ」

時政《ときまさ》は勢《いきお》いよく立ちあがった。向かった先は大江広元《おおえのひろもと》の屋敷《やしき》だ。事を起こす前に、文官の筆頭である大江広元《おおえのひろもと》の支持《しじ》を得《え》ておきたい。

「比企能員《ひきよしかず》が謀反《むほん》を計画しているようだ。滅《ほろ》ぼしてしまおうと思うが、大江殿《おおえどの》のお考えはいかがか」

問われた大江広元《おおえのひろもと》は、すぐには答えなかった。広元《ひろもと》は武士《ぶし》の争いに巻《ま》きこまれたくないと思っている。何しろ、武士《ぶし》はためらいなく人を殺《ころ》すのだ。こちらが筋《すじ》道《みち》を立てて話しても、通じないことが多い。鎌倉《かまくら》には文官の仕事ができる者が少なく、自分の代わりはいないから、安全だとは思うが、それでも不安であった。

北条時政《ほうじょうときまさ》は刀を持ってはいない。だが、その気になれば、広元《ひろもと》を殺《ころ》すことはたやすいだろう。

「……私《わたし》の仕事は政治《せいじ》です。武《ぶ》の方面にはくわしくありません。北条殿《ほうじょうどの》にお任《まか》せします」

「それは私《わたし》に味方するという意味か」

「じゃまだてはいたしません」

時政《ときまさ》は視線《しせん》に力をこめて広元《ひろもと》を見つめた。

「北条《ほうじょう》か、比企《ひき》か、どちらに味方するのか、と聞いている」

広元《ひろもと》はうなだれた。あいまいな答えは許《ゆる》されないようだ。

「……北条殿《ほうじょうどの》にお味方します」

「ありがたい」

こうして大江広元《おおえのひろもと》を味方につけた時政《ときまさ》は、まず比企能員《ひきよしかず》を館に呼《よ》んだ。

「今後のことを相談したい。この国を東西に分けるのはやはり無理があるので、互《たが》いにゆずりあって、物事を決めたいと思う」

この申し出に、比企能員《ひきよしかず》は乗った。家臣たちが危険《きけん》だと止めるのをふりきって、武装《ぶそう》もせずに北条時政《ほうじょうときまさ》の屋敷《やしき》を訪《おとず》れる。お供《とも》は二人だけだ。

時政《ときまさ》のほうがおどろいた。

「まさか来るとは。我《われ》らが先にしかけるとは思っていないのか」

わなの可能性《かのうせい》を疑《うたが》ったが、比企能員《ひきよしかず》が自分でおとりになるとは思えない。

「手はずどおりにやれ」

時政《ときまさ》は命じた。

比企能員《ひきよしかず》が門をくぐり、しばらく庭を歩いたところで、時政《ときまさ》の家来が左右からおそいかかった。

「な、何をする!?」

うろたえる能員《よしかず》の手をつかんで竹やぶに引きずりこむ。刀を抜《ぬ》いて胸《むね》に斬《き》りつける。あっという間であった。逃《に》げ出そうとした二人の供《とも》も殺《ころ》された。

「比企《ひき》氏の一族は一人も生かしてはおけぬ」

北条時政《ほうじょうときまさ》はさらに、比企《ひき》氏の館に数十騎《き》の軍勢《ぐんぜい》を送った。ひきいるのは北条義《ほうじょうよし》時《とき》である。

義時《よしとき》は館を囲《かこ》んで命じた。

「矢を射《い》かけよ」

つるの音がひびき、矢が塀《へい》を越《こ》えて館に達する。中からも矢が飛んできた。意外に抵抗《ていこう》ははげしく、矢が尽《つ》きるまで戦っても、館は落ちない。義時《よしとき》は戦死者を出したくないため、総攻撃《そうこうげき》をためらった。

「おれに任《まか》せろ。暗くなるまでに片《かた》をつけてやる」

前に出たのは畠山重忠《はたけやましげただ》であった。義経《よしつね》のもとで平家《へいけ》と戦い、多くの首をとった武勇《ぶゆう》の士《し》で、鎌倉武士《かまくらぶし》の模範《もはん》として名高い男だ。この年、四十歳《さい》で、筋肉《きんにく》につつまれた堂々《どうどう》たる体格《たいかく》をしている。

畠山重忠《はたけやましげただ》は、供《とも》をしたがえて館に突入《とつにゅう》した。しばらく刀を打ち合う音がひびいていたが、やがて火がつけられ、館は黒煙《こくえん》をあげて燃《も》えさかった。

畠山重忠《はたけやましげただ》は顔をすすだらけにして戻《もど》ってきた。

「やつら、自分で火をつけて腹《はら》を斬《き》ったぞ」

頼家《よりいえ》の幼《おさな》い息子《むすこ》も炎《ほのお》のなかで死んだ。逃《に》げ出した者も捕《と》らえられて殺《ころ》され、比《ひ》企《き》氏は滅亡《めつぼう》した。

北条時政《ほうじょうときまさ》の陰謀《いんぼう》は成功したが、大きな誤算《ごさん》があった。

頼家《よりいえ》が病から回復《かいふく》したのである。比《ひ》企《き》氏の滅亡《めつぼう》を知らされた頼家《よりいえ》は、起きあがって叫《さけ》んだ。

「時政《ときまさ》を討《う》て！」

だが、したがう御家人《ごけにん》はおらず、将軍回復《しょうぐんかいふく》の急報《きゅうほう》が北条時政《ほうじょうときまさ》のもとにもたらされた。

「何だって!?」

時政《ときまさ》はあわてふためいた。頼家《よりいえ》が死ぬものと思って、実朝《さねとも》の将軍就任《しょうぐんしゅうにん》の準備《じゅんび》をしていたところである。御家人《ごけにん》はほとんどが味方についているが、頼家《よりいえ》が健康を取り戻《もど》したら、また事態《じたい》が動くかもしれない。

時政《ときまさ》は政子《まさこ》と義時《よしとき》に相談した。

「いまさら後戻《あともど》りはできません」

義時《よしとき》が冷たく言う。

「将軍《しょうぐん》は実朝《さねとも》に替《か》えます。頼家《よりいえ》は出家させて、どこかの寺に閉《と》じこめておけばよいでしょう。理由は病気でも何でもかまいません」

「そんなことをして、反対する者が出たらどうするのだ」

時政《ときまさ》は陰謀《いんぼう》をめぐらせているときは自信満々《まんまん》だが、あらかじめ考えていない状《じょう》況《きょう》におちいると、急に不安になるのである。

「力で押《お》さえればよいのです。その力を手に入れるために、父上は敵《てき》を滅《ほろ》ぼしてきたのではありませんか」

「あ、ああ、そうだな」

時政《ときまさ》はうなずいて、まだ不安の残る目を政子《まさこ》に向けた。

政子《まさこ》はすでに頼家《よりいえ》を息子《むすこ》とは思っていない。迷《まよ》いはなかった。

「頼家《よりいえ》には、私《わたし》から出家するよう伝えましょう」

頼家《よりいえ》は出家を命じられ、さらに鎌倉《かまくら》を追放されて伊豆《いず》に移《うつ》った。翌年《よくねん》、北条義《ほうじょうよし》時《とき》が放った刺客《しかく》に討《う》たれ、命を落とす。二十三歳《さい》であった。

こうして実朝《さねとも》が三代目の将軍《しょうぐん》となり、北条時政《ほうじょうときまさ》が幕府《ばくふ》の実権《じっけん》をにぎることになった。

二章　将軍《しょうぐん》と執権《しっけん》

1

鎌倉幕府《かまくらばくふ》の第三代将軍源実朝《しょうぐんみなもとのさねとも》は、頼朝《よりとも》と政子《まさこ》の息子《むすこ》である。兄に替《か》わって将《しょう》軍《ぐん》となったときは、十二歳《さい》であった。乳母《うば》は政子《まさこ》の妹で、北条《ほうじょう》氏との結びつきが強い。

妻《つま》には、足利《あしかが》氏の娘《むすめ》が選ばれた。足利《あしかが》氏は源氏《げんじ》の一族だが、より重要なのは娘《むすめ》の母親で、彼女《かのじょ》もまた政子《まさこ》の妹なのであった。実現《じつげん》すれば、北条《ほうじょう》氏との縁《えん》はさらに深くなる。

ところが、実朝《さねとも》がこれを嫌《いや》がった。

「妻《つま》は京からむかえたいと思います」

「京から？」

政子《まさこ》はおどろいて理由をたずねた。

実朝《さねとも》が言いにくそうに答える。

「京の貴族《きぞく》にあこがれているのです」

実朝《さねとも》は学問に興味《きょうみ》があり、とくに和歌を好んでいる。そのためだろうか。政子《まさこ》は首をひねった。

「それだけですか？」

さらに問うと、実朝《さねとも》は目を伏《ふ》せた。

「……結婚《けっこん》はもめごとの原因《げんいん》になります」

実朝《さねとも》は、将軍《しょうぐん》の地位を追われた兄を見ており、また鎌倉武士《かまくらぶし》の権力闘争《けんりょくとうそう》についても聞いている。将軍《しょうぐん》の妻《つま》の実家は、その闘争《とうそう》に巻《ま》きこまれることになる。

「本当は結婚《けっこん》などしないほうがいいのです。でも、そういうわけにいかないでしょう。でしたら、鎌倉《かまくら》に関係のない貴族《きぞく》の娘《むすめ》を妻《つま》にしたいのです」

政子《まさこ》は息子《むすこ》をまじまじと見つめた。まだ線が細く、声変わりもしていない少年だが、主張《しゅちょう》の内容《ないよう》はおとなびている。主張《しゅちょう》したということじたいも、実朝《さねとも》の素質《そしつ》をしめしていた。もしかしたら、実朝《さねとも》は名君になるかもしれない。

「あなたの考えはわかりました」

政子《まさこ》は父の時政《ときまさ》と相談して、朝廷《ちょうてい》に使者を送った。朝廷《ちょうてい》は承知《しょうち》し、身分の高い貴族《きぞく》の娘《むすめ》を実朝《さねとも》に嫁《とつ》がせた。

このとき、鎌倉幕府《かまくらばくふ》は日本全国を完全に支配下《しはいか》においているわけではなかった。西国つまり西日本ではとくに、朝廷《ちょうてい》の力が強い。頼朝《よりとも》は朝廷《ちょうてい》と関わりをもちたがらなかったが、後に考えを変え、朝廷《ちょうてい》と協力していこうとしていた。政子《まさこ》や時政《ときまさ》も、朝廷《ちょうてい》を敵《てき》とはみなしていない。支配《しはい》を固めるために、利用できるものなら利用したいと考えている。

朝廷《ちょうてい》の主《あるじ》は後鳥羽上皇《ごとばじょうこう》である。後鳥羽上皇《ごとばじょうこう》は、源平《げんぺい》の戦いで平家《へいけ》側が押《お》されていた寿永《じゅえい》二年（西暦《せいれき》一一八三年）に、わずか四歳《さい》で即位《そくい》した。即位《そくい》させたのは後白河法皇《ごしらかわほうおう》で、平家《へいけ》が立てた安徳天皇《あんとくてんのう》も在位《ざいい》していたので、当時は二人の天皇《てんのう》がいたことになる。

平安時代の後期から、院政《いんせい》といって、天皇《てんのう》の地位をしりぞいた上皇《じょうこう》が権力《けんりょく》をにぎる体制《たいせい》ができていた。後鳥羽《ごとば》上皇《じょうこう》は建久《けんきゅう》九年（西暦《せいれき》一一九八年）、十九歳《さい》のとき、土御門天皇《つちみかどてんのう》に譲位《じょうい》して院政《いんせい》をはじめた。

後鳥羽上皇《ごとばじょうこう》は、骨太《ほねぶと》の雄大《ゆうだい》な体格《たいかく》をしており、意思の強そうな太い眉《まゆ》と、大きな目が特徴的《とくちょうてき》である。

「この国の正統《せいとう》な主《あるじ》はおれだ。もう一度、朝廷《ちょうてい》の力を取り戻《もど》す」

そう決意して、積極的な政治《せいじ》をおこなっていた。荘園《しょうえん》を広げて経済力《けいざいりょく》を高めており、いずれは強大な軍事力を持ちたいと考えている。

後鳥羽上皇《ごとばじょうこう》が力にこだわるのは、即位《そくい》の状況《じょうきょう》が関係している。天皇《てんのう》は即位《そくい》のしるしとして、八咫鏡《やたのかがみ》、天叢雲剣《あめのむらくものつるぎ》、八尺瓊勾玉《やさかにのまがたま》の三種の神器《じんぎ》を引き継《つ》ぐのだが、後《ご》鳥羽上皇《とばじょうこう》が即位《そくい》したときには、この三種の神器《じんぎ》は平家《へいけ》に持ち去られていた。その後、鏡と勾玉《まがたま》は戻《もど》ってきたが、剣《つるぎ》は安徳天皇《あんとくてんのう》とともに海にしずんで失われた。

「三種の神器《じんぎ》を持たない天皇《てんのう》など認《みと》められない」

「神器《じんぎ》がないから、武士《ぶし》が大きな顔をするのではないか」

そういう陰口《かげぐち》が聞こえてくる。実際《じっさい》に聞いたわけではないが、後鳥羽上皇《ごとばじょうこう》はそう言われていると思っていた。

だから、みなを納得《なっとく》させる力が必要なのである。

ただ、後鳥羽上皇《ごとばじょうこう》もまた、鎌倉幕府《かまくらばくふ》を敵《てき》だとは考えていない。政子《まさこ》や北条時政《ほうじょうときまさ》は話の通じる相手だと思っている。

「とくに、あの実朝《さねとも》は期待できそうだ」

後鳥羽上皇《ごとばじょうこう》は実朝《さねとも》の名付け親である。実朝《さねとも》は和歌をはじめとする貴族《きぞく》の文化を好んでおり、貴族《きぞく》の娘《むすめ》を妻《つま》に求めてきた。実朝《さねとも》を通じて、朝廷《ちょうてい》の力を東国に広げる未来もあるだろう。さらに、実朝《さねとも》の妻《つま》となった娘《むすめ》は、後鳥羽上皇《ごとばじょうこう》のいとこにあたる。もし、その娘《むすめ》の子が将軍《しょうぐん》となれば、幕府《ばくふ》と朝廷《ちょうてい》の結びつきはさらに強くなる。

後鳥羽上皇《ごとばじょうこう》はまだ若《わか》く、活力にあふれている。朝廷《ちょうてい》を復活《ふっかつ》させて、全国の支配《しはい》権《けん》を取り戻《もど》すため、努力を惜《お》しまないつもりであった。

元久《げんきゅう》二年（西暦《せいれき》一二〇五年）、北条時政《ほうじょうときまさ》はさらに権力《けんりょく》を固めるため、またしても有力御家人《ごけにん》を滅《ほろ》ぼそうとたくらんだ。標的になったのは、畠山重忠《はたけやましげただ》である。

畠山重忠《はたけやましげただ》は武勇《ぶゆう》にすぐれた男で、鎌倉武士《かまくらぶし》の模範《もはん》とされており、裏表《うらおもて》のない性《せい》格《かく》で知られていた。比企《ひき》氏の討伐《とうばつ》でも活躍《かつやく》している。

時政《ときまさ》は、畠山重忠《はたけやましげただ》と領地《りょうち》をめぐって対立していた。しかし、そうでなくても、重忠《しげただ》はめざわりな存在《そんざい》であった。人望があるところがとくに憎《にく》い。さらに、時政《ときまさ》が愛する後妻《ごさい》の親戚《しんせき》と、畠山《はたけやま》氏の仲が悪いのも問題であった。

時政《ときまさ》は息子《むすこ》の義時《よしとき》に告《つ》げた。

「畠山《はたけやま》が謀反《むほん》をたくらんでいる。滅《ほろ》ぼすしかない」

義時《よしとき》はかすかに眉《まゆ》をあげた。間をおいてから告《つ》げる。

「……私《わたし》は反対です。畠山《はたけやま》は古くからの忠臣《ちゅうしん》で、謀反《むほん》などたくらむはずがありません。先年の比企能員《ひきよしかず》との戦いでも、彼《かれ》には助けられました。私《わたし》の他にも反対する者が多いでしょう」

義時《よしとき》としては、正気か、とたずねたいところであった。畠山重忠《はたけやましげただ》は比企能員《ひきよしかず》よりもやっかいな敵《てき》である。なにしろ人気があるのだ。首尾《しゅび》よく討《う》ち果たしたとしても、北条《ほうじょう》氏の評判《ひょうばん》が悪くなって、その後の政治《せいじ》がやりにくくなる。

畠山《はたけやま》がじゃまなら、代替《だいが》わりを待って滅《ほろ》ぼす、という策《さく》もある。ただ、すでに六十歳《さい》を過《す》ぎた時政《ときまさ》に、待つ策《さく》はとれないだろう。時政《ときまさ》があせって失敗するのはかまわないが、巻《ま》きこまれたくはない。

義時《よしとき》は父を冷たく見つめた。

「お考え直しください」

時政《ときまさ》は無言で立ちあがった。義時《よしとき》をにらみつけて、去って行く。

義時《よしとき》は政子《まさこ》を呼《よ》んで、対策《たいさく》を相談した。

「姉上は今回の陰謀《いんぼう》、成功すると思うか」

政子《まさこ》は考えながら答えた。

「畠山重忠《はたけやましげただ》はまっすぐな性格《せいかく》だから、陰謀《いんぼう》をおそれて逃《に》げ隠《かく》れはしない。成功はするだろうけど、後が大変だ。何とか思いとどまらせたい」

義時《よしとき》は目を光らせた。

「おれはいっそやらせてしまったほうがいいのではないか、と考えはじめている」

政子《まさこ》ははっとした。一瞬《いっしゅん》で、弟の策《さく》をさとったのである。

「……やる気なのか」

「そう決めたわけではない。ただ、機会があれば逃《のが》さない」

義時《よしとき》は父から権力《けんりょく》を奪《うば》おうと考えているのである。

「それこそ、後が大変だと思うが」

「覚悟《かくご》はしている。だが、あいつの失敗につけこめば、御家人《ごけにん》たちの理解《りかい》は得《え》られるだろう」

義時《よしとき》は時政《ときまさ》の息子《むすこ》では最年長だが、後継《あとつ》ぎとしては認《みと》められていない。時政《ときまさ》は牧《まき》の方《かた》と呼《よ》ばれる後妻《ごさい》を大事にしていて、彼女《かのじょ》が産んだ息子《むすこ》か娘婿《むすめむこ》を後継者《こうけいしゃ》にしようとしていた。

つまり、義時《よしとき》が北条家《ほうじょうけ》の当主となるためには、どこかで実力行使に出なければならない。父を討《う》つわけにはいかないから、頼家《よりいえ》にしたように、出家でもさせて権力《けんりょく》を奪《うば》うことになるだろう。

「たしかに、いい機会になるかもしれない。でも、あせらないで。自分の身を守ることも考えなさい」

政子《まさこ》は忠告《ちゅうこく》した。

敵《てき》の背後《はいご》から切りかかろうとする者は、自分の背後《はいご》に隙《すき》があることに気づかないものだ。自分がねらわれることも警戒《けいかい》しなければならない。

義時《よしとき》は薄《うす》く笑った。

「それはあいつのことだな。背中《せなか》ががら空《あ》きなのに気づいていない」

義時《よしとき》は盟友《めいゆう》の三浦義村《みうらよしむら》と協力して、御家人《ごけにん》たちの動向を監視《かんし》している。時政《ときまさ》も監視《かんし》の対象《たいしょう》であった。妙《みょう》な動きがあれば、すぐにわかる。

一方の時政《ときまさ》と牧《まき》の方《かた》は、義時《よしとき》の気持ちに気づかず、都合よく利用しようとしていた。畠山重忠《はたけやましげただ》は強敵《きょうてき》だから、その討伐《とうばつ》は力量があって信頼《しんらい》できる義時《よしとき》に任《まか》せたいのだ。そこで、義時《よしとき》を説得《せっとく》しようと使者を送った。牧《まき》の方《かた》の言葉を伝える。

「畠山重忠《はたけやましげただ》が謀反《むほん》をたくらんでいるのは事実です。私《わたし》が継母《ままはは》だから、信用してくれないのですか？　私《わたし》はただ、将軍《しょうぐん》のため、北条家《ほうじょうけ》のために行動しているだけですのに」

義時《よしとき》は笑《え》みを隠《かく》して答えた。

「そうおっしゃるなら、賛成《さんせい》しましょう。全力をつくして、畠山《はたけやま》を討《う》ちます」

こうして、畠山重忠《はたけやましげただ》は謀反人《むほんにん》と決まった。

2

「謀反人《むほんにん》を討伐《とうばつ》せよ」

将軍実朝《しょうぐんさねとも》の名で、御家人《ごけにん》たちに命令が下された。謀反人《むほんにん》がだれだかわからないまま、御家人《ごけにん》たちは鎌倉《かまくら》に集まってきた。

畠山重忠《はたけやましげただ》の息子《むすこ》、重保《しげやす》は、鎌倉《かまくら》にある屋敷《やしき》から、集合場所の由比ヶ浜《ゆいがはま》へ急いだ。数人の家来を連れている。

海が見えたところで、三浦義村《みうらよしむら》の軍勢《ぐんぜい》が行く手をさえぎった。

「おお、三浦殿《みうらどの》。謀反人《むほんにん》とはだれでしょうか」

畠山重保《はたけやましげやす》は気安く問いかけたが、三浦義村《みうらよしむら》は答えなかった。十数人の武士《ぶし》が前に広がり、後ろにも、左右にも騎馬武者《きばむしゃ》が現《あらわ》れて、重保《しげやす》を取り囲《かこ》む。

重保《しげやす》は顔色を変えた。

「これはどういうことか⁉」

「見てのとおりだ。謀反人《むほんにん》を討《う》つ」

三浦義村《みうらよしむら》は裁判《さいばん》の結果を告《つ》げるように、感情《かんじょう》のこもらない声で言った。一歩下がって、配下の軍勢《ぐんぜい》に攻撃《こうげき》を命じる。

四方から矢を浴びて、畠山重保《はたけやましげやす》は倒《たお》れた。

そのころ、畠山重忠《はたけやましげただ》は武蔵《むさし》国（今の東京都、埼玉県、神奈川《かながわ》県東部）の領地《りょうち》から鎌倉《かまくら》に向かっていた。百数十騎《き》の手勢《てぜい》を連れている。

畠山重忠討伐軍《はたけやましげただとうばつぐん》は、義時《よしとき》がひきいていた。千騎《き》に達する大軍である。

「これだけの人数がそろっていれば、負けるはずはない」

義時《よしとき》は自分に言い聞かせていた。畠山重忠《はたけやましげただ》の武勇《ぶゆう》はおそらく鎌倉《かまくら》一で、配下の兵も強いだろう。おそろしくはあるが、勝たねばならぬ戦いだ。以前の比企《ひき》氏との戦いとちがって、多少の犠牲《ぎせい》は覚悟《かくご》している。

義時《よしとき》は畠山《はたけやま》軍の接近《せっきん》を知って、二俣川《ふたまたがわ》近くの開けた場所で待ち受けた。

畠山重忠《はたけやましげただ》が先頭で馬を走らせてくる。軍勢《ぐんぜい》を見て、重忠《しげただ》は馬を止めた。

「どこへ行くのだ？　鎌倉《かまくら》に集まるはずではないのか」

重忠《しげただ》は異変《いへん》をさとったのか、刀に手をかけている。声は大きく、目はかっと見開いていて、迫力《はくりょく》があった。

義時《よしとき》は勇気をふりしぼって進み出た。ここで大将《たいしょう》が怖《お》じ気づいたら、配下の武士《ぶし》たちは逃《に》げ出しかねない。そうなったら、滅《ほろ》ぶのは北条氏《ほうじょう》のほうだ。

「謀反人《むほんにん》を討伐《とうばつ》に来た。降伏《こうふく》して裁《さば》きを受けよ」

畠山重忠《はたけやましげただ》は火の出るような視線《しせん》で、義時《よしとき》をにらみつけた。

「謀反人《むほんにん》とはおれのことか」

「答える必要はあるまい」

刀を抜《ぬ》いた重忠《しげただ》のもとに、配下の武士《ぶし》が馬をよせた。

「多勢《たぜい》に無勢《ぶぜい》です。いったん本拠《ほんきょ》に戻《もど》って、態勢《たいせい》を立て直しましょう」

重忠《しげただ》は周囲《しゅうい》にすばやく目を走らせた。すでに後ろにも兵がまわっており、完全

に囲《かこ》まれているが、その気になれば突破《とっぱ》はできそうだ。

しかし、重忠《しげただ》は首を横に振《ふ》った。

「武士《ぶし》たる者、敵《てき》に背《せ》を向けるわけにはいかぬ。謀反《むほん》の罪《つみ》をでっちあげられて、逃《に》げ帰るのも腹立《はらだ》たしい。正々堂々《せいせいどうどう》と戦い、卑怯者《ひきょうもの》どもに鎌倉武士《かまくらぶし》の生き様を見せてくれるわ！」

重忠《しげただ》の馬が、はじかれたように駆《か》け出した。刀が銀色の弧《こ》を描《えが》く。

義時《よしとき》の配下の武士《ぶし》が、胸《むね》に一撃《いちげき》を受けて、馬から転げ落ちた。

「討《う》ち取れ！」

義時《よしとき》は声をかぎりに叫《さけ》んで、みずからは後退《こうたい》した。

両軍がはげしくもみあって戦う。

義時《よしとき》ひきいる討伐軍《とうばつぐん》は五倍以上の数をそろえているのだが、畠山重忠《はたけやましげただ》の武勇《ぶゆう》は圧倒的《あっとうてき》であった。右に左に馬を走らせて戦い、大きくて長い刀をあやつって、次々と敵《てき》を倒《たお》していく。腕《うで》を斬《き》り飛ばされる者がいれば、馬をぶつけられて落馬する者もいる。一撃《いちげき》で首を斬《き》り飛ばされる者もいた。

畠山軍《はたけやま》は重忠《しげただ》にはげまされ、一人が数人分の働きをして、なかなか倒《たお》れない。

「こうなることはわかっていた」

義時《よしとき》はくちびるをかみしめた。あせるな、と自分に言い聞かせる。時間がたてば、数の差が生きてくるはずだ。

義時《よしとき》の計算は正しかった。畠山軍《はたけやま》の武士《ぶし》はしだいに減《へ》っていく。人数が減《へ》れば、残っている者はさらに苦しくなる。しかし、畠山重忠《はたけやましげただ》は疲《つか》れを知らないようだった。一人で十人以上は倒《たお》しているのではないか。

「距離《きょり》をとって、弓でねらえ」

義時《よしとき》は命じた。味方に当たるおそれはあるが、このまま戦っていても、犠牲《ぎせい》が増《ふ》えるだけだ。

十数本の矢が、重忠《しげただ》に集中する。重忠《しげただ》は馬をたくみにあやつってかわした。また一人の武士《ぶし》が斬《き》られて馬に突《つ》っ伏《ぷ》す。

さらに弓弦《ゆんづる》の音がひびいた。一本が重忠《しげただ》の背《せ》に突《つ》き立つ。

重忠《しげただ》の大きな背中《せなか》が、ぐらりとゆれた。

「いまだ!」

手柄《てがら》を求める武士《ぶし》たちがいっせいに斬《き》りかかる。重忠《しげただ》はなおも刀をふるって、一人を切り倒《たお》したが、そこまでだった。馬から落ちて、数人にのしかかられ、首をとられる。四十二歳《さい》であった。

「これで終わりではない。ここからが本当の勝負だ」

義時《よしとき》は首を持って鎌倉《かまくら》に戻《もど》り、時政《ときまさ》に報告《ほうこく》した。

「畠山重忠《はたけやましげただ》を討《う》ち果たしました。しかしながら、その軍勢《ぐんぜい》は少なく、やはり謀反《むほん》をたくらんでいたとは思えません。彼《かれ》とは長いつきあいですから、首を見ると悲しくなります」

時政《ときまさ》は無言で義時《よしとき》をにらみつけた。もちろん、謀反《むほん》はでっちあげである。畠山《はたけやま》重忠《しげただ》がじゃまだから殺《ころ》しただけだ。義時《よしとき》もそれはわかっている。わざわざ口にしたのは、父を批判《ひはん》するためである。義時《よしとき》は畠山重忠《はたけやましげただ》を殺《ころ》したことに納得《なっとく》していないのだ。時政《ときまさ》はそう理解《りかい》して、無言で立ち去った。

実は義時《よしとき》の意図はちがった。

「重忠《しげただ》は無実であった」

義時《よしとき》がそう主張《しゅちょう》することで、御家人《ごけにん》たちが時政《ときまさ》にきびしい目を向けるようになる。時政《ときまさ》はみずからの利益《りえき》のために、畠山重忠《はたけやましげただ》を討《う》った悪人である。義時《よしとき》はおそれずにそれを批判《ひはん》している。そういう見方が、鎌倉《かまくら》に広まっていく。

三浦義村《みうらよしむら》が義時《よしとき》に協力して、御家人《ごけにん》たちにささやく。

「時政様《ときまささま》は次はだれを殺《ころ》すつもりなのだろうか」

聞いた者はぞっとする。次は自分の番かもしれない。時政《ときまさ》に対する反感と警戒《けいかい》がしだいに強まっていく。

政子《まさこ》は弟の陰謀《いんぼう》を静かに見守っていた。

「うまくやっているようだね」

義時《よしとき》のねらいは明白である。父の権力《けんりょく》を奪《うば》うのは大きな罪《つみ》で、実行すれば非難《ひなん》されるのはまちがいない。ただ、父が罪人《ざいにん》だとすれば、話はちがってくる。時政《ときまさ》が罪《つみ》をおかしていれば、それを罰《ばっ》するのは正しい。さらに、御家人《ごけにん》たちの支持《しじ》もあれば、義時《よしとき》の行為《こうい》はほめたたえられるだろう。

しかし、時政《ときまさ》もやがて陰謀《いんぼう》に気づいて、義時《よしとき》を排除《はいじょ》しようとするだろう。その前に、事を起こさなければならない。

畠山重忠《はたけやましげただ》の死から二ヵ月後、義時《よしとき》が動いた。

「時政《ときまさ》と牧《まき》の方《かた》が、実朝《さねとも》を殺《ころ》して平賀朝雅《ひらがともまさ》を将軍《しょうぐん》に立てようとしている」

そういううわさが流れて、あっというまに広まった。

平賀《ひらが》氏は源氏《げんじ》の名家で、頼朝《よりとも》に仕えて功績《こうせき》が大きかった。朝雅《ともまさ》は二十四歳《さい》で京都守護《しゅご》という重要な役職《やくしょく》についており、時政《ときまさ》と牧《まき》の方《かた》の娘《むすめ》を妻《つま》としている。つまり、時政《ときまさ》にとっては娘婿《むすめむこ》にあたる。

「これは謀反《むほん》だ」

義時《よしとき》は断言《だんげん》した。うわさを流させたのは義時《よしとき》であるが、御家人《ごけにん》たちは、時政《ときまさ》ならやりかねない、と思って、うわさを信じた。

「将軍《しょうぐん》様を救《すく》うのだ」

政子《まさこ》が命じた。

それに応《おう》じて、三浦義村《みうらよしむら》らが、時政《ときまさ》の屋敷《やしき》を急襲《きゅうしゅう》する。このとき、実朝《さねとも》は時政《ときまさ》の屋敷《やしき》に住んでいたのである。

「何の用だ」

応対《おうたい》する時政《ときまさ》の家来を押《お》しのけて、三浦義村《みうらよしむら》らは屋敷《やしき》に踏《ふ》みこんだ。時政《ときまさ》は突《とつ》然《ぜん》のことにおどろいて、牧《まき》の方《かた》とともに屋敷《やしき》の奥《おく》へ逃《に》げこんだ。

「謀反《むほん》だ！　御家人《ごけにん》たちを集めよ！」

時政《ときまさ》は叫《さけ》んだが、したがう者はいない。

三浦義村《みうらよしむら》はまず、実朝《さねとも》の身を確保《かくほ》した。時政《ときまさ》は二の次だ。将軍《しょうぐん》の名で御家人《ごけにん》に命令するのだから、将軍《しょうぐん》を手中におさめることがもっとも重要なのである。

「さあ、母上のもとにまいりましょう」

声をかけると、十四歳《さい》の実朝《さねとも》はこくりとうなずいた。

配下の武士《ぶし》に時政《ときまさ》を見張《みは》らせて、三浦義村《みうらよしむら》は義時《よしとき》と政子《まさこ》が待つ屋敷《やしき》に急いだ。

「将軍《しょうぐん》様をお連れしましたぞ」

三浦義村《みうらよしむら》が実朝《さねとも》を案内してくると、義時《よしとき》はほっと息をついた。さすがに緊張《きんちょう》していたのである。時政《ときまさ》が先んじて実朝《さねとも》に手をかけていたり、実朝《さねとも》を連れて逃《に》げたりしていたら、面倒《めんどう》な事態《じたい》になるところだった。

「将軍《しょうぐん》様、これからは、この義時《よしとき》がお守り申し上げます」

義時《よしとき》が言うと、実朝《さねとも》は一瞬《いっしゅん》、不安そうに母の政子《まさこ》を見た。しかし、すぐに義時《よしとき》に目を合わせる。

「よろしく頼《たの》む」

政子《まさこ》が実朝《さねとも》を連れて下がると、三浦義村《みうらよしむら》が義時《よしとき》にたずねた。

「お父上はどうしますか？　殺《ころ》すなら私《わたし》がやりますが」

義時《よしとき》は首を横に振《ふ》った。

「さすがにそれはできない。出家のうえ、伊豆《いず》の奥《おく》に引っこんでもらおう。二度と鎌倉《かまくら》の土を踏《ふ》まないなら、長生きしてもかまわない」

「わかりました。監視《かんし》はお任《まか》せください」

三浦義村《みうらよしむら》はすぐに時政《ときまさ》の屋敷《やしき》に行った。屋敷《やしき》はすでに義村《よしむら》の手勢《てぜい》におさえられていて、時政《ときまさ》の配下の者は武器《ぶき》をとりあげられている。時政《ときまさ》と牧《まき》の方《かた》は縛《しば》られてはいないが、刀を向けられてふるえていた。

「あなたには髪《かみ》を切って、ここを出てもらいます」

三浦義村《みうらよしむら》は義時《よしとき》の言葉を時政《ときまさ》に伝えた。時政《ときまさ》は義村《よしむら》をにらみつけたが、やがてうなだれた。敗北を認《みと》めたのだ。時政《ときまさ》は出家し、牧《まき》の方《かた》とともに伊豆《いず》に移《うつ》り住むことになった。時政《ときまさ》はその後十年、伊豆《いず》で暮《く》らして病死する。

これで終わりではない。義時《よしとき》は京に使者を送った。平賀朝雅《ひらがともまさ》を討伐《とうばつ》するためである。京を警備《けいび》している御家人《ごけにん》たちに、実朝《さねとも》の名で命令が下された。

その日、平賀朝雅《ひらがともまさ》は後鳥羽上皇《ごとばじょうこう》が開いた囲碁《いご》の会に参加していた。従者《じゅうしゃ》がやってきて朝雅《ともまさ》を呼《よ》び、討伐《とうばつ》の兵が屋敷《やしき》に送られた、と伝えた。

「すぐに逃《に》げてください」

朝雅《ともまさ》はあわてなかった。

「逃《に》げても無駄《むだ》でしょう」

朝雅《ともまさ》は碁盤《ごばん》の前に戻《もど》ると、目の数をかぞえて、相手に頭を下げた。

「私《わたし》の負けのようです」

そして、後鳥羽上皇《ごとばじょうこう》に事情《じじょう》を説明して別れを告《つ》げる。

「そなたには期待していたのだがな」

後鳥羽上皇《ごとばじょうこう》は残念がったが、鎌倉《かまくら》の政治闘争《せいじとうそう》に立ち入るつもりはなかった。

平賀朝雅《ひらがともまさ》は屋敷《やしき》を攻撃《こうげき》されて自害した。二十四歳《さい》であった。

こうして、「畠山重忠《はたけやましげただ》の乱《らん》」「牧氏事件《まきしじけん》」と呼《よ》ばれる事件《じけん》は終わった。この結果、まだ若《わか》い実朝《さねとも》を政子《まさこ》と義時《よしとき》が支える体制《たいせい》ができたのである。

3

ある日、将軍実朝《しょうぐんさねとも》が政子《まさこ》に相談した。

「京で『新古今和歌集』が完成したそうです。そこには父上の歌もおさめられているると聞きました。写しを手に入れられないでしょうか」

「新古今和歌集」は後鳥羽上皇《ごとばじょうこう》が命じて、藤原定家《ふじわらのていか》らに編纂《へんさん》させた和歌集である。「牧氏事件《まきしじけん》」の起こった元久《げんきゅう》二年（西暦《せいれき》一二〇五年）にほぼ完成して、記念の宴《うたげ》が開かれている。修正《しゅうせい》したり書き加えたりする作業はつづいているが、二千首近い和歌が選ばれていて、頼朝《よりとも》の歌も含《ふく》まれていた。

政子《まさこ》は和歌には興味《きょうみ》がなかったが、実朝《さねとも》の趣味《しゅみ》を否定《ひてい》はしなかった。

「いい考えです。和歌を学びたいなら、これほどの教科書は他にありません」

実朝《さねとも》は京に使者を送って、「新古今和歌集」の写本を手に入れた。

話を聞いた後鳥羽上皇《ごとばじょうこう》は、満足げにうなずいた。

「感心感心。武士《ぶし》の和歌はいまひとつ品がないが、子どものころから勉強すれば、立派《りっぱ》な歌人になれるかもしれぬ」

そう言う後鳥羽上皇《ごとばじょうこう》は、弓の訓練をしているところだった。供《とも》の者に汗《あせ》をふかせて、ひと息つく。

後鳥羽上皇《ごとばじょうこう》は多才であって、文武《ぶんぶ》を問わず、あらゆる面で才能《さいのう》を発揮《はっき》した。和歌が得意《とくい》で、「新古今和歌集」の編纂《へんさん》にはみずから参加して、自分の歌も多く入れている。音楽では笛や琵琶《びわ》をよく演奏《えんそう》した。弓や乗馬は武士《ぶし》顔負けの腕前《うでまえ》で、刀も好きだった。蹴鞠《けまり》の腕前《うでまえ》もすぐれている。

学問や武芸《ぶげい》だけではない。朝廷《ちょうてい》の主《あるじ》として、政治《せいじ》の立て直しにもつとめていた。まず、古い書物を読んで、自分が勉強した。当時の朝廷政治《ちょうていせいじ》では、古くからのしきたりにしたがって、儀式《ぎしき》をおこなうことが重要である。貴族《きぞく》たちにも勉強させて儀式《ぎしき》をおこない、まちがったらきびしく指摘《してき》した。

貴族《きぞく》たちは後鳥羽上皇《ごとばじょうこう》を尊敬《そんけい》しつつもおそれている。

「あれほど才能《さいのう》にあふれた御方《おかた》はいない。この国を統治《とうち》するのにふさわしい」

そう言う声が表では多い一方、裏《うら》では嫌《いや》がられている。

「上皇陛下《じょうこうへいか》はきびしすぎる。規則《きそく》が多くて息がつまりそうだ」

才能《さいのう》のある者は、ない者の気持ちがわからない。何でもできるうえに、努力を欠かさない後鳥羽上皇《ごとばじょうこう》は、できない者を怠《なま》け者とみなしていた。

「怠《なま》け者どもは、朕《ちん》がみちびいてやらねばならぬ」

後鳥羽上皇《ごとばじょうこう》はそう考えている。遠い鎌倉《かまくら》で争っている者たちにも、愛想《あいそ》がつきかけていた。話が通じると思っていたのに、身内で殺《ころ》し合うばかりで、やはり野《や》蛮《ばん》な集団《しゅうだん》だとあきれている。結局、武士《ぶし》は戦うしか能《のう》がないのだ。

「ただ、実朝《さねとも》は見どころがある。このまま立派《りっぱ》なおとなに育ってほしいものだ。いずれ会ってみるのもよいかもしれぬな」

将軍《しょうぐん》の未来を楽しみにしつつ、後鳥羽上皇《ごとばじょうこう》は弓の訓練を再開《さいかい》した。

承元《じょうげん》三年（西暦《せいれき》一二〇九年）、実朝《さねとも》は十八歳《さい》になった。親政《しんせい》といって、自分の意思で政治《せいじ》をおこなうようになる。とはいえ、義時《よしとき》や大江広元《おおえのひろもと》の補佐《ほさ》は欠かせない。実朝《さねとも》はやせていて、和歌を好むこともあって、軟弱《なんじゃく》な将軍《しょうぐん》だと思われていた。

義時《よしとき》は実朝《さねとも》をあなどって要求した。

「私《わたし》の家臣たちを御家人《ごけにん》と同じあつかいにしてください」

このときの御家人《ごけにん》は将軍《しょうぐん》の家臣を指す。義時《よしとき》の要求は、自分の家臣だけ特別に身分をあげろ、という意味である。

実朝《さねとも》は義時《よしとき》を見つめて告《つ》げた。

「それはできません。幕府《ばくふ》のなかでの序列《じょれつ》が乱《みだ》れて、災《わざわ》いの原因《げんいん》になります」

義時《よしとき》の家臣は、将軍《しょうぐん》の家臣の家臣である。それが将軍《しょうぐん》の家臣と同じ身分になれば、上下関係がおかしくなってしまう。

断《ことわ》るのが道理なのだが、義時《よしとき》はおどろいた。自分は特別あつかいされて当然だと考えていたのである。

「どうしてもできませんか」

重ねて要求したが、実朝《さねとも》は冷静な態度《たいど》をくずさない。

「これはあなたのためでもあります。ご自分だけあつかいが変われば、他の御家《ごけ》人《にん》はどう考えるでしょうか。政治《せいじ》においては、あなたの意見にしたがうつもりですが、この件《けん》は受け入れられません」

「わかりました」

義時《よしとき》は実朝《さねとも》を見直した。線の細い少年だと思っていたが、意外と度胸《どきょう》があるようだ。頼家《よりいえ》のように勝手な政治《せいじ》をおこなうと困《こま》るが、はたしてどうか。敵対《てきたい》するなら、こちらも考えなければならない。

実朝《さねとも》は立派《りっぱ》な将軍《しょうぐん》になろうと努力していた。中国の古典を学び、後鳥羽《ごとば》上皇《じょうこう》を手本として、政治《せいじ》をおこなった。

政子《まさこ》は実朝《さねとも》の政治《せいじ》をはらはらしながら見守っている。

「義時《よしとき》とぶつからなければよいのだが……」

実朝《さねとも》は義時《よしとき》の機嫌《きげん》をとりながら、主張《しゅちょう》すべきところは主張《しゅちょう》していた。若《わか》いわりに、そうした感覚はすぐれている。

しかし、実朝《さねとも》の思いとは逆《ぎゃく》に、御家人《ごけにん》たちの義時《よしとき》に対する反発が生まれていた。義時《よしとき》が将軍《しょうぐん》をないがしろにしているというのである。

反義時《はんよしとき》の御家人《ごけにん》たちは、北条《ほうじょう》氏に対抗《たいこう》できる唯一《ゆいいつ》の有力御家人《ごけにん》、和田義盛《わだよしもり》に近づいた。和田義盛《わだよしもり》は頼朝《よりとも》と同世代で、平家《へいけ》との戦いで活躍《かつやく》した武将《ぶしょう》である。

実朝《さねとも》は、この経験《けいけん》のある老人を重んじていた。源平《げんぺい》の戦いや、頼朝《よりとも》についての思い出話を聞くことも多い。

義時《よしとき》にとっては、見逃《みのが》せない状況《じょうきょう》であった。

「いつまでも黙《だま》っていると思われては困《こま》るな」

義時《よしとき》は三浦義村《みうらよしむら》と密談《みつだん》した。

「和田義盛《わだよしもり》をどうすべきだろうか」

三浦義村《みうらよしむら》は和田義盛《わだよしもり》と同じ一族である。義村《よしむら》と義盛《よしもり》は年齢《ねんれい》が二十歳《さい》以上はなれているが、いとこ同士《どうし》であった。それでも、義時《よしとき》は三浦義村《みうらよしむら》を深く信頼《しんらい》している。義村《よしむら》は義時《よしとき》の信頼《しんらい》にこたえた。

「彼《かれ》がいなくなれば、私《わたし》にとっても好都合です」

義村《よしむら》は情報《じょうほう》を集めて、義時《よしとき》に報告《ほうこく》した。義時《よしとき》に対する反乱《はんらん》のくわだてに、和田《わだ》義盛《よしもり》の息子《むすこ》や甥《おい》がかかわっているという。

「いい機会だ」

義時《よしとき》は関係者をまとめて捕《と》らえた。和田義盛《わだよしもり》はただちに、息子《むすこ》たちを許《ゆる》してもらうよう実朝《さねとも》に願った。

「義盛《よしもり》はかつて多くの手柄《てがら》を立てた。今回ばかりは許《ゆる》そう」

実朝《さねとも》は義盛《よしもり》の息子《むすこ》の罪《つみ》を問わなかった。義時《よしとき》はこれについては文句《もんく》を言わなかったが、義盛《よしもり》の甥《おい》に対しては違《ちが》った。実朝《さねとも》が許《ゆる》す前に、流罪《るざい》にしてしまったのである。さらに義時《よしとき》は、義盛《よしもり》の甥《おい》の屋敷《やしき》を自分のものとした。

義時《よしとき》の行動は、義盛《よしもり》に対する挑発《ちょうはつ》であった。

「来るなら来い。返り討《う》ちにしてやる」

義時《よしとき》は義盛《よしもり》の耳に入るように語った。双方《そうほう》の兵力はすでに計算している。義盛《よしもり》が挙兵しても、勝つのは自分たちだ。おそれて挙兵しなければ、臆病者《おくびょうもの》とみなされて、武士《ぶし》としての評判《ひょうばん》は地に落ちる。どちらになってもかまわない。

この状況《じょうきょう》に、実朝《さねとも》は心を痛《いた》めていた。

「何とかこらえてくれないか。義時《よしとき》との仲は、私《わたし》がとりもつから」

和田義盛《わだよしもり》にそう伝えたが、義盛《よしもり》はすでに決断《けつだん》していた。

「将軍様《しょうぐんさま》にうらみはありません。ですが、若《わか》い者たちがすでに、義時《よしとき》に対抗《たいこう》するために集まっています。もはや、止めることはできません」

実朝《さねとも》はため息をついた。自分の力のなさがうらめしかった。

4

建暦《けんりゃく》三年（西暦《せいれき》一二一三年）五月二日、和田義盛《わだよしもり》は義時《よしとき》を討《う》つために兵を集めた。将軍《しょうぐん》の住む御所《ごしょ》をおそって実朝《さねとも》の身を確保《かくほ》し、同時に義時《よしとき》らを攻撃《こうげき》する計画だ。

作戦の話し合いには、三浦義村《みうらよしむら》も加わっていた。同じ一族なので、和田義盛《わだよしもり》は疑《うたが》っていなかった。義村《よしむら》の手勢《てぜい》を計算に入れて、勝機があると考えている。

この日、義時《よしとき》は仲間と囲碁《いご》を楽しんでおり、大江広元《おおえのひろもと》は宴《うたげ》を開いていた。

「今なら、二人に気づかれる前に、将軍様《しょうぐん》を保護《ほご》できる」

和田義盛《わだよしもり》はそう考えて挙兵した。しかし、この作戦は三浦義村《みうらよしむら》を通じて、義時《よしとき》に筒抜《つつぬ》けだったのである。

三浦義村《みうらよしむら》は軍議が終わると、義時《よしとき》の屋敷《やしき》に走った。碁盤《ごばん》を前にしていた義時《よしとき》を呼《よ》び出して、急を伝える。

「まもなく義盛《よしもり》が兵を挙げます。私《わたし》は御所《ごしょ》の北門を担当《たんとう》することになりました。北門から将軍様《しょうぐん》をお救《すく》いしましょう」

義時《よしとき》はかすかに笑《え》みを浮《う》かべた。

「よく知らせてくれた。者ども、戦《いくさ》の支度《したく》をせよ。私《わたし》は御所《ごしょ》へ行く」

義時《よしとき》は家臣たちの目を意識《いしき》して、落ちついてふるまっていた。服装《ふくそう》をととのえ、あわてることなく御所《ごしょ》へと向かう。

御所《ごしょ》では、政子《まさこ》が避難《ひなん》の準備《じゅんび》をととのえていた。実朝《さねとも》が暗い顔で義時《よしとき》にたずねた。

「和田義盛《わだよしもり》が挙兵したのか?」

「さようでございます。ここは危険《きけん》ですので、安全な場所にお連れします」

実朝《さねとも》は首を横に振《ふ》った。

「将軍《しょうぐん》が逃《に》げるわけにはいかぬ。ここにとどまる」

政子《まさこ》がけわしい視線《しせん》を息子《むすこ》に向けた。

郵便はがき

おそれいりますが切手をおはりください。

101-0062

〈受取人〉

東京都千代田区神田駿河台2-5

株式会社 理論社

読者カード係 行

お名前（フリガナ）

ご住所 〒　　　　TEL

e-mail

書籍はお近くの書店様にご注文ください。または、理論社営業局にお電話ください。

代表・営業局：tel 03-6264-8890　fax 03-6264-8892

理論社

https://www.rironsha.com

ご愛読ありがとうございます

読者カード

●ご意見、ご感想、イラスト等、ご自由にお書きください。

●お読みいただいた本のタイトル

●この本をどこでお知りになりましたか？

●この本をどこの書店でお買い求めになりましたか？

●この本をお買い求めになった理由を教えて下さい

●年齢　　　歳　　　　　　　●性別　男・女

●ご職業　1. 学生（大・高・中・小・その他）　2. 会社員　3. 公務員　4. 教員
5. 会社経営　6. 自営業　7. 主婦　8. その他（　　　　　　）

●ご感想を広告等、書籍のＰＲに使わせていただいてもよろしいでしょうか？
（実名で可・匿名で可・不可）

ご協力ありがとうございました。今後の参考にさせていただきます。
記入いただいた個人情報は、お問い合わせへのご返事、新刊のご案内送付等以外の目的には使用いたしません。

「とどまれば、あなたを守るのに兵が必要になります。かえって迷惑《めいわく》ですよ」

「あ……」

実朝《さねとも》はにぎりしめていたこぶしを開いた。

「……わかった」

実朝《さねとも》は政子《まさこ》にしたがい、妻《つま》とともに避難《ひなん》した。

一方、和田義盛《わだよしもり》は、百五十騎《き》の騎馬武者《きばむしゃ》を三隊に分け、御所《ごしょ》、義時《よしとき》の屋敷《やしき》、大江広元《おおえのひろもと》の屋敷《やしき》に送った。これとは別に、三浦義村《みうらよしむら》の五十騎《き》が御所《ごしょ》を攻撃《こうげき》する手はずだ。

しかし、御所《ごしょ》に着いた三浦義村《みうらよしむら》は宣言《せんげん》した。

「我《われ》らは将軍《しょうぐん》様をお助けする。御所《ごしょ》をお守りするぞ！」

さらに、御所《ごしょ》には義時《よしとき》が用意していた百騎《き》の軍勢《ぐんぜい》が駆《か》けつけていた。ひきいるのは、義時《よしとき》の息子《むすこ》、泰時《やすとき》である。

和田義盛《わだよしもり》軍は南門から攻《せ》めたてた。威勢《いせい》よく矢を射《い》かける寄《よ》せ手に向かって、御所《ごしょ》のなかから声がかかる。

「今ごろ来ても、将軍様《しょうぐんさま》はいない。残念だな」

「三浦殿《みうらどの》はこちらに味方しているぞ」

実際《じっさい》に三浦《みうら》の旗が御所《ごしょ》の内部でゆれていた。和田軍は絶望《ぜつぼう》したが、かえって士《し》気《き》は高まった。

「かくなるうえは華々《はなばな》しく死んでやる！」

「北条義時《ほうじょうよしとき》を許《ゆる》すな！」

口々に叫《さけ》びながら、捨《す》て身の攻撃《こうげき》をくわえる。よろいに何本もの矢を生やした武士《ぶし》が、門に体当たりする。木製《もくせい》の門はびりびりとふるえ、何度目かの体当たりではじけ飛んだ。和田軍はすかさず御所《ごしょ》に突入《とつにゅう》する。待ちかまえていた北条《ほうじょう》軍が応戦《おうせん》し、澄《す》んだ金属音《きんぞくおん》を立てて刀が打ち合わされる。

夕方にはじまった戦闘《せんとう》は、夜になってますますはげしくなった。かがり火のもとで、両軍の武者《むしゃ》が斬《き》り合う。

義時《よしとき》と大江広元《おおえのひろもと》の屋敷《やしき》では、和田軍は撃退《げきたい》されたが、御所《ごしょ》での戦闘《せんとう》は長くつづいた。

和田軍には続々《ぞくぞく》と援軍《えんぐん》がやってくる。本拠《ほんきょ》とする相模国《さがみ》（今の神奈川県）の武士《ぶし》たちや、義盛《よしもり》と縁《えん》の深い者たちだ。

だが、義時《よしとき》はあわてなかった。

「将軍《しょうぐん》に弓引くつもりか⁉　敵《てき》がだれなのか、もう一度考えてみよ！」

義時《よしとき》は実朝《さねとも》に和田義盛《わだよしもり》の討伐《とうばつ》命令を書かせていた。和田軍の御家人《ごけにん》たちは、将軍《しょうぐん》の命令と聞くと、落ちついてはいられなかった。義時《よしとき》と戦うことはできても、将軍《しょうぐん》と戦うのは抵抗《ていこう》が大きい。

朝になって、実朝《さねとも》がどちらについているかはっきりすると、和田軍から幕府軍《ばくふぐん》に寝返《ねがえ》る者が多く出た。

それでも和田軍は奮闘《ふんとう》したが、一昼夜にわたって戦いつづけたところで力つきた。和田義盛《わだよしもり》は首をとられ、息子《むすこ》をはじめ一族もほとんどが討《う》たれた。

最大の敵《てき》をほうむった義時《よしとき》だが、表情《ひょうじょう》は明るくなかった。

「意外に苦しい戦いになりましたな」

三浦義村《みうらよしむら》の感想に、眉根《まゆね》をよせてうなずく。

「ああ、将軍《しょうぐん》の身をおさえていなければ、こちらが危《あぶ》なかった」

義村《よしむら》が義時《よしとき》に味方したことで、あっさりと決着がつくと考えていたのだが、和田軍の抵抗《ていこう》は長くつづいた。実朝《さねとも》が和田義盛《わだよしもり》の討伐《とうばつ》を命じなければ、和田軍に加わる者が増《ふ》えて、戦いの行方《ゆくえ》はわからなかっただろう。

「今の将軍様《しょうぐん》は、先代よりはるかに人望があるようです」

実朝《さねとも》は自分で考えて政治《せいじ》をおこない、結果を出しつつある。頼家《よりいえ》の政治《せいじ》は御家《ごけ》人《にん》からの反発が大きかったため、将軍《しょうぐん》交代への批判《ひはん》は少なかった。実朝《さねとも》はちがう。実朝《さねとも》のために命をかけて戦う御家人《ごけにん》は多いだろう。

義時《よしとき》と実朝《さねとも》が正面から対立したらどうなるか。

「自信がなくなってきたな」

義時《よしとき》はつぶやいた。義村《よしむら》は無言である。

義時《よしとき》は執権《しっけん》という地位についている。御家人《ごけにん》のなかでは一番上の序列《じょれつ》で、もはや争う者はいない。ただ、あくまで将軍《しょうぐん》に次ぐ存在《そんざい》である。それで満足すべきか。

義時《よしとき》は自分自身にたずねた。

「……しばらくはこのままでよかろう」

実朝《さねとも》は義時《よしとき》と政子《まさこ》の意見をおおむね尊重《そんちょう》している。和田義盛《わだよしもり》が死んで、頼《たよ》りになる御家人《ごけにん》は他にいない。今後も義時《よしとき》を無視《むし》することはできないだろう。ならば、こちらも実朝《さねとも》を尊重《そんちょう》しよう。

苦々《にがにが》しさを感じつつも、義時《よしとき》はそう方針《ほうしん》をさだめた。

三章

雪の夜の悲劇《ひげき》

1

建保《けんぽう》四年（西暦《せいれき》一二一六年）、実朝《さねとも》は権中納言《ごんちゅうなごん》、および左近衛中将《さこんえちゅうじょう》という官職《かんしょく》についた。後鳥羽上皇《ごとばじょうこう》から高い官位を得《え》たわけで、上皇《じょうこう》の期待の表れであった。

しかし、実朝《さねとも》が上皇《じょうこう》に近づくことを、北条義時《ほうじょうよしとき》は歓迎《かんげい》しなかった。将軍《しょうぐん》が上皇《じょうこう》の命令にしたがって政治《せいじ》をおこなうようになったら、義時《よしとき》の出る幕《まく》がなくなってしまう。そこで、大江広元《おおえのひろもと》が実朝《さねとも》に進言した。

「高すぎる官位は身を滅《ほろ》ぼすといいます。子孫の繁栄《はんえい》を考えるなら、いたずらに官位を進めるのは遠慮《えんりょ》し、今は将軍《しょうぐん》として経験《けいけん》を積むべきでしょう」

この時代、身の丈《たけ》に合わない官位を得《え》ると不幸になる、と信じられていた。過《か》去《こ》には、義経《よしつね》が勝手に官位を得《え》て、頼朝《よりとも》の怒《いか》りをまねいた例もある。大江広元《おおえのひろもと》の進言は、理由のないものではなかった。

「そなたの申すことが正しいとは思う」

実朝《さねとも》は悲しげに告《つ》げた。

「だが、後継《あとつ》ぎがいないから、私《わたし》の代で源氏《げんじ》は終わりとなる。せめて官位を進めて、家名を高めたいのだ」

「さようでございますか……」

大江広元《おおえのひろもと》は説得《せっとく》をあきらめた。

実朝《さねとも》には子どもがいない。妻《つま》には、自分は子どもをつくるつもりはない、と話している。

「将軍《しょうぐん》の子に生まれても不幸になるだけだ。後継《あとつ》ぎなどいないほうがいい」

兄の頼家《よりいえ》をはじめとして、実朝《さねとも》は多くの不毛な争いと死を見てきた。世の中に絶望《ぜつぼう》しているところがある。

源氏《げんじ》の血、頼朝《よりとも》の血がとだえてもかまわない。だれが将軍《しょうぐん》になってもいい。実《さね》朝《とも》の考えは独特《どくとく》だった。家を大事にし、領地《りょうち》を子どもに継《つ》がせたいと思うのが武《ぶ》士《し》である。

政子《まさこ》は実朝《さねとも》に意見はしなかった。

「あなたがそう考えているなら、それでかまいません」

これは実朝《さねとも》の考えをみとめたというより、見放したというべきであった。政子《まさこ》も息子《むすこ》や孫への情《じょう》は薄《うす》い。実朝《さねとも》が後継《あとつ》ぎをもうけられないなら、ふさわしい者を養子にむかえればよい。政子《まさこ》は義時《よしとき》と話し合って、人選をすすめた。

政治《せいじ》については、実朝《さねとも》は真剣《しんけん》に取り組んでいる。側近も増《ふ》えてきた。義時《よしとき》に気を使いながら、将軍《しょうぐん》としてやるべきことをやっていた。

ところが、この年、二十五歳《さい》の秋、実朝《さねとも》は妙《みょう》なことを言い出した。

「宋《そう》の国へ行きたい」

宋《そう》は中国の王朝である。当時の中国は南北に分かれていて、宋《そう》は南半分を治めていたため、南宋《なんそう》と言われる。

実朝《さねとも》は、陳和卿《ちんなけい》という南宋《なんそう》出身の職人《しょくにん》に会ったことがきっかけで、宋《そう》へのあこがれをつのらせた。そこで、陳和卿《ちんなけい》に船の建造《けんぞう》を命じたのである。同時に、六十人をこえるお供《とも》の人選をはじめた。

これを聞いて義時《よしとき》はおどろいた。

「いったい、何を考えているのだ」

鎌倉《かまくら》の御家人《ごけにん》の多くは、義時《よしとき》と同じ感想をいだいた。

「船の旅は危険《きけん》です。それに、事故《じこ》がなかったとしても、宋《そう》まで行って帰ってくるのに、一年はかかります。将軍《しょうぐん》がなすべきことではありません。使者を送るだけにしましょう」

義時《よしとき》と大江広元《おおえのひろもと》、そして政子《まさこ》が相次いで引き止めた。

しかし、実朝《さねとも》は頑固《がんこ》であった。

「使者では意味がない。私《わたし》自身が行きたいのだ」

普段《ふだん》はあまりわがままを言う性格《せいかく》ではないのに、この件《けん》に関しては、実朝《さねとも》はゆずらなかった。陳和卿《ちんなけい》は、実朝《さねとも》が前世で宋《そう》の高僧《こうそう》だった、と言った。だれも信じなかったが、実朝《さねとも》は信じていた。夢《ゆめ》でよく見る宋《そう》の寺院の様子が、陳和卿《ちんなけい》の語る話と一致《いっち》したからだ。

「今でなくてもかまわないでしょう。年をとって、将軍《しょうぐん》を引退《いんたい》してからにしてはいかがですか」

大江広元《おおえのひろもと》が提案《ていあん》したが、実朝《さねとも》は引かない。

「いや、年をとって身体が弱ると困《こま》る。若《わか》いうちに行きたい」

義時《よしとき》はいっそのこと、宋《そう》に送り出してしまおうか、と考えた。帰ってこないなら帰ってこないで、別の者を将軍《しょうぐん》に立てればよい。だが、政権《せいけん》が混乱《こんらん》するのはまちがいなかった。別の将軍《しょうぐん》を立てているときに、実朝《さねとも》が帰ってきたらどうなるか。その前に、宋《そう》との間で外交上の問題は生じないのだろうか。お供《とも》を命じられた御《ご》家人《けにん》はどうしよう。不在《ふざい》の間の仕事は、帰ってこなかったときの相続は、と考えると、頭が痛《いた》くなってくる。

「面倒《めんどう》が増《ふ》えるだけだ。やはり行かせてはならない」

後鳥羽上皇《ごとばじょうこう》に止めてもらおう、という意見も出た。しかし、朝廷《ちょうてい》に借りをつくりたくはない。朝廷《ちょうてい》を頼《たよ》るのは、もっと大きな問題のときだ。

順調に建造《けんぞう》が進む船の様子を見ながら、義時《よしとき》は思案していた。

造船《ぞうせん》を任《まか》された陳和卿《ちんなけい》は、火事で焼けた東大寺《とうだいじ》の大仏《だいぶつ》と大仏殿《だいぶつでん》を再建《さいけん》した職人《しょくにん》である。腕《うで》はたしかであろう。

翌年《よくねん》、船は無事に完成し、由比ヶ浜《ゆいがはま》で進水式がおこなわれた。百人が乗れる巨《きょ》大《だい》な船である。五百人で引いて、海に浮《う》かべることになる。

「この船で宋《そう》と交易《こうえき》をおこなえば、大きなもうけになるだろうに」

義時《よしとき》はため息をついた。三浦義村《みうらよしむら》が隣《となり》に来てささやく。

「工作は終わりました」

「ご苦労」

義時《よしとき》は顔をしかめてうなずいた。

実朝《さねとも》は興奮《こうふん》に顔を赤くそめて、海へ向かう船を見つめている。

浜《はま》から海に達した船はしかし、沖に運んでも浮《う》かばなかった。ゆっくりとかしいで、横倒《よこだお》しになる。大きな波が立って、砂浜《すなはま》に打ち寄《よ》せた。

「残念ながら、失敗のようですな」

義時《よしとき》が言うと、実朝《さねとも》は肩《かた》を落とした。そして、義時《よしとき》も船も見ようとせずに、御《ご》所《しょ》へ帰っていった。

2

実朝《さねとも》はときどき、西の空を見てぼうっとする。遠く宋《そう》の国に思いをはせていることもあれば、京の街を想像《そうぞう》していることもある。和歌を詠《よ》んでいることもあった。

実朝《さねとも》は、京の高名な歌人である藤原定家《ふじわらのていか》の指導《しどう》を受け、和歌の腕《うで》をめきめきとあげていた。すでに自分の歌を集めた歌集をつくっている。京の歌人にはかなわ

ないまでも、武士《ぶし》のなかでは群を抜《ぬ》いた才能《さいのう》との評判《ひょうばん》である。

宋《そう》へのあこがれは消えていない。今は無理でも、いつか行きたいと思う。大江《おおえの》広元《ひろもと》が言うように、将軍《しょうぐん》を引退《いんたい》してからなら可能《かのう》だろうか。

引退《いんたい》するには当然、後継者《こうけいしゃ》が必要になる。実朝《さねとも》は名案を思いついて、政子《まさこ》に相談した。

「上皇陛下《じょうこうへいか》の皇子様《みこ》を次の将軍《しょうぐん》にむかえられないだろうか」

政子《まさこ》はかすかに眉《まゆ》をあげた。

「皇子《みこ》様を……？」

朝廷《ちょうてい》から将軍《しょうぐん》をむかえる案は考えていたが、後鳥羽上皇《ごとばじょうこう》の息子《むすこ》を要求するとまでは、だれも口にしていなかった。後鳥羽上皇《ごとばじょうこう》には、前の天皇《てんのう》だった土御門上皇《つちみかどじょうこう》、今の順徳天皇《じゅんとくてんのう》の他にも複数《ふくすう》の皇子《みこ》がいる。天皇《てんのう》の候補《こうほ》だから、難《むずか》しい交渉《こうしょう》にはなるだろうが、後鳥羽上皇《ごとばじょうこう》の考えしだいで、ゆずってもらえるかもしれない。

政子《まさこ》は義時《よしとき》や大江広元《おおえのひろもと》と、実朝《さねとも》の案について話し合った。

「お飾《かざ》りの将軍《しょうぐん》としては、これほどの権威《けんい》のある候補《こうほ》はいないな」

義時《よしとき》は言ったが、全面的に賛成《さんせい》ではなかった。義時《よしとき》としては、名前だけの将軍《しょうぐん》を立て、執権《しっけん》の北条《ほうじょう》氏が実権《じっけん》をにぎる体制《たいせい》を固めたい。将軍《しょうぐん》の出自が立派《りっぱ》すぎると、やりにくくなるのではないか。朝廷《ちょうてい》と幕府《ばくふ》が近くなりすぎて、幕府《ばくふ》の力を奪《うば》われるかもしれない。

大江広元《おおえのひろもと》が意見を述《の》べる。

「我々《われわれ》には武力《ぶりょく》がありますから、おそれる必要はありません。朝廷《ちょうてい》の権威《けんい》を最大限《げん》、利用するべきです」

「それもそうか」

義時《よしとき》は納得《なっとく》した。朝廷《ちょうてい》からむかえる将軍《しょうぐん》は武力《ぶりょく》を持たない。現実《げんじつ》に御家人《ごけにん》をひきいるのは、執権《しっけん》になる。

「問題は、上皇陛下《じょうこうへいか》が許《ゆる》してくださるかどうかです」

大江広元《おおえのひろもと》が眉間《みけん》にしわを寄《よ》せた。後鳥羽上皇《ごとばじょうこう》は実朝《さねとも》を気に入っているらしいが、それだけで要求が通るとは思えない。皇子《みこ》を鎌倉《かまくら》に送るのは簡単《かんたん》ではないのだ。もちろん先例などないし、上皇《じょうこう》から見れば鎌倉《かまくら》の武家《ぶけ》社会は危険《きけん》でもある。

「私《わたし》が京へのぼって交渉《こうしょう》しよう」

政子《まさこ》が手をあげた。

「向こうにもしかるべき女性《じょせい》を出してもらって、女同士《どうし》の話し合いにすればよい。朝廷《ちょうてい》と幕府《ばくふ》の公式の交渉《こうしょう》にすると、いろいろ面倒《めんどう》だが、非公式《ひこうしき》なら話しやすい」

「そうしてもらえるとありがたい。だれか信頼《しんらい》できる者をお供《とも》につけよう」

義時《よしとき》は弟の時房《ときふさ》を政子《まさこ》に同行させることにした。時房《ときふさ》は京に行った経験《けいけん》があり、和歌や蹴鞠《けまり》の心得《こころえ》がある。

話を聞いて、実朝《さねとも》はことのほか喜《よろこ》んだ。

「母上の旅の幸運をお祈《いの》り申し上げます」

実朝《さねとも》は引退《いんたい》後の生活を夢見《ゆめみ》ていた。将軍《しょうぐん》でなくなれば、自分も旅ができるだろう。宋《そう》へも行きたいが、まずは京だ。手紙のやりとりをしている歌人たちと実際《じっさい》に会いたい。歌会に参加したい。

「交渉《こうしょう》がうまくいくとはかぎりませんよ」

政子《まさこ》は実朝《さねとも》に釘《くぎ》をさして旅立った。

建保《けんぽう》六年（西暦《せいれき》一二一八年）の春である。旅の名目は熊野詣《くまのもうで》、すなわち紀伊《きい》国（今の和歌山県、三重県の一部）にある熊野三山《くまのさんざん》と呼《よ》ばれる三つの神社へのお参りだった。熊野詣《くまのもうで》は平安時代から鎌倉《かまくら》時代にかけて盛《さか》んにおこなわれており、後鳥羽上皇《ごとばじょうこう》は三十回近くも熊野に通っている。政子《まさこ》は二度目の熊野詣《くまのもうで》だ。

京に着いた政子《まさこ》は、藤原兼子《ふじわらのけんし》という公家《くげ》の女性《じょせい》と話し合った。兼子《けんし》は後鳥羽上皇《ごとばじょうこう》の乳母《うば》で、一族は上皇《じょうこう》と関係が深い。後鳥羽上皇《ごとばじょうこう》の側近のなかでも、もっとも大きな権力《けんりょく》を持っている人だという。年齢《ねんれい》は六十四歳《さい》で、政子《まさこ》の二つ上である。

「熊野詣《くまのもうで》に行くそうですね」

兼子《けんし》は笑《え》みをたたえて語りかけた。政子《まさこ》も笑顔《えがお》でこたえる。

「ええ、夫に子どもに父に、と多くの身内を失っていますから、祈《いの》りをささげたいと思っています」

「それは感心なこと。でもねえ、熊野詣《くまのもうで》はいいけど、年に何度も行くと大変なのよ。手伝いをお願いする周りの人に迷惑《めいわく》がかかってねえ」

これは後鳥羽上皇《ごとばじょうこう》のことであろう。

「男は勝手なことばかり言いますからねえ」

「そうそう。世話する人のことなんか、これっぽちも考えないんだから」

年齢《ねんれい》の近い二人は意気投合し、政治《せいじ》の苦労や男の情《なさ》けなさについて話して盛《も》りあがった。

兼子《けんし》は幕府《ばくふ》の求めに対して、好意的であった。

「上皇陛下《じょうこうへいか》は、朝廷《ちょうてい》と幕府《ばくふ》のきずなが深まることを望んでおいでです。きっとうまくいくでしょう」

政子《まさこ》の熊野詣《くまのもうで》をはさんで、二人は何度か話し合った。兼子《けんし》は後鳥羽上皇《ごとばじょうこう》の意向として、二人いる親王《しんのう》、つまり上皇《じょうこう》の息子《むすこ》のうち、どちらかを将軍《しょうぐん》にすると約束してくれた。

「すぐに、というわけではありません。将軍《しょうぐん》もまだ若《わか》いから、もうしばらくはつづけてもよいでしょう」

「ありがとうございます。鎌倉《かまくら》にいる者はみな、喜《よろこ》ぶでしょう」

政子《まさこ》はほっとした。いつまでに、という期限《きげん》は切れなかったが、役割《やくわり》は果たせた。鎌倉《かまくら》、もしくは京で大きな事件《じけん》が起こらなければ、数年のうちに実現《じつげん》するだろう。

後鳥羽上皇《ごとばじょうこう》はこの幕府《ばくふ》からの申し出を喜《よろこ》び、政子《まさこ》にも実朝《さねとも》にも高い官位を与《あた》えた。実朝《さねとも》は正二位《しょうにい》の右大臣にまでのぼっている。政子《まさこ》に同行した時房《ときふさ》は、しばらく京にとどまり、蹴鞠《けまり》の会などに参加して楽しんだ。

東西の距離《きょり》が一気にちぢまったようであった。これで鎌倉《かまくら》も京も安定し、平和が長くつづくだろうと、多くの人が思った。

しかし、それを望まぬ者もいたのである。

「上皇《じょうこう》の子が将軍《しょうぐん》だと!?　おれが将軍《しょうぐん》になるはずだったのに!」

歯ぎしりして悔《くや》しがる男の名を、公暁《くぎょう》といった。

3

公暁《くぎょう》は頼家《よりいえ》の息子《むすこ》で、実朝《さねとも》の甥《おい》にあたる。父の死後、政子《まさこ》の命令で出家し、修《しゅ》行《ぎょう》した後、鶴岡八幡宮《つるがおかはちまんぐう》の別当《べっとう》すなわち長官の役目についていた。ただ、髪《かみ》はそっていない。なぜか、と問われると、公暁《くぎょう》は声をひそめて答えていた。

「いつか将軍《しょうぐん》になるから」

系図《けいず》の上では、可能性《かのうせい》があった。実朝《さねとも》には子どもがいないから、血縁《けつえん》で将軍《しょうぐん》をさがせば、公暁《くぎょう》も有力な候補《こうほ》である。

だが、朝廷《ちょうてい》から将軍《しょうぐん》をむかえることが決まって、公暁《くぎょう》が将軍《しょうぐん》になる目はなくなった。

建保《けんぽう》七年（西暦《せいれき》一二一九年）一月二十七日。

この日、実朝《さねとも》は右大臣就任《しゅうにん》を神に感謝《かんしゃ》するため、鶴岡八幡宮《つるがおかはちまんぐう》に参っていた。

昼間は晴れていたのだが、夕方から急に雪が降《ふ》ってきて、あっというまに膝《ひざ》の上まで積もった。

護衛《ごえい》の武士《ぶし》たちは鳥居《とりい》の前で待ち、義時《よしとき》は中門にひかえた。しんしんと冷えるなか、実朝《さねとも》はお供《とも》の公家《くげ》や側近とともに本殿《ほんでん》におもむき、儀式《ぎしき》をおこなった。

実朝《さねとも》を待つ者たちは、うらめしげに空をながめ、手をすりあわせる。雪は降《ふ》りつづき、暗くなるとともに寒さがつのってくる。かがり火がたかれているが、暖《あたた》かさは感じられない。

儀式《ぎしき》を終えた実朝《さねとも》は、雪をかいてつくられた道をゆっくりと歩いた。石段《いしだん》まで来たときである。

石段《いしだん》のわきの木立《こだち》から、黒い影《かげ》が飛び出した。公暁《くぎょう》だ。

「父の仇《かたき》だ！」

叫《さけ》びながら、実朝《さねとも》に斬《き》りかかる。

突然《とつぜん》の出来事に、供《とも》の者たちは動けない。実朝《さねとも》は逃《に》げ出そうとして、着物のすそをふんでしまった。ずるりとすべって、雪の上に倒《たお》れる。

刀が弧《こ》を描《えが》いた。実朝《さねとも》の首が胴体《どうたい》から離《はな》れて転がった。明るかったら、赤い血が雪をあざやかにいろどっただろう。

「仇討《あだう》ちをなしとげたぞ！」

公暁《くぎょう》は首を拾って逃《に》げ出した。公暁《くぎょう》には数人の仲間がいて、実朝《さねとも》の側近が一人、斬《き》り殺《ころ》された。

「あわわ……」

供《とも》の者たちはただふるえている。

異変《いへん》に気づいた義時《よしとき》が雪を飛ばして駆《か》けつけた。

「何があったのだ!?」

首のない実朝《さねとも》を見て、ぎょっとしたが、すぐに命じる。

「曲者《くせもの》を追え！」

襲撃《しゅうげき》したのは公暁《くぎょう》だと聞いて、さらに指示《しじ》を出す。

「寺を探《さが》せ。絶対《ぜったい》に逃《に》がすなよ」

この時代は、神も仏《ほとけ》もいっしょにおがむ神仏習合《しんぶつしゅうごう》が進んでいるので、鶴岡八幡《つるがおかはちまん》宮《ぐう》には寺も建てられている。僧《そう》である公暁《くぎょう》はそこに住んでいた。

しかし、公暁《くぎょう》は寺には戻《もど》っていなかった。

山を越《こ》えて逃《に》げこんだ先は、三浦義村《みうらよしむら》の屋敷《やしき》である。公暁《くぎょう》の乳母《うば》が義村《よしむら》の妻《つま》であったため、公暁《くぎょう》は義村《よしむら》を頼《たよ》りにしていた。

「実朝《さねとも》は死んだ！　おれが将軍《しょうぐん》になる！」

公暁《くぎょう》は実朝《さねとも》の首をかかげて叫《さけ》んでいた。

三浦義村《みうらよしむら》はひと目で、何が起こったのかさとった。

「公暁《くぎょう》を討《う》て！　そしてすぐに義時《よしとき》様に知らせろ」

家臣に命じてから、三浦義村《みうらよしむら》は頭をかかえた。

「うらみがあるのは知っていたが、まさかこのような暴挙《ぼうきょ》に出るとは……」

警戒《けいかい》しておけば、暗殺《あんさつ》は防《ふせ》げたのではないか。義村《よしむら》は後悔《こうかい》しきりであった。

公暁《くぎょう》は義村《よしむら》の家臣に殺《ころ》された。二十歳《はたち》であった。


その夜、鎌倉《かまくら》をおおった雪はなかなか消えなかった。

実朝暗殺《さねともあんさつ》の知らせを受けた御家人《ごけにん》たちは、悲しむとともに、不安をつのらせた。

実朝《さねとも》は二十八歳《さい》であった。まだ未来が開けている年齢《ねんれい》だ。幕府《ばくふ》と朝廷《ちょうてい》の友好のため、なすべき仕事が多くあった。

息子《むすこ》を失った政子《まさこ》は、涙《なみだ》を流すよりも先に言った。

「すぐに朝廷《ちょうてい》に知らせなければなりません」

義時《よしとき》も同意する。

「ああ、なるべく早く次の将軍《しょうぐん》を立てるのだ」

実朝《さねとも》は義時《よしとき》や政子《まさこ》に補佐《ほさ》されながら、立派《りっぱ》に将軍《しょうぐん》の役目を果たしていた。後鳥《ごと》羽上皇《ばじょうこう》の支持《しじ》を受けて、高い官位を得《え》ていた。実朝《さねとも》がいなくなれば、幕府《ばくふ》の支配《しはい》はゆらいでしまう。

実朝《さねとも》の突然《とつぜん》の死は、朝廷《ちょうてい》にも衝撃《しょうげき》を与《あた》えた。

「それはまことか!?」

後鳥羽上皇《ごとばじょうこう》は眉《まゆ》をひそめたまま、動きをとめていた。

「鎌倉《かまくら》からの使者がそう申しております」

答えがあっても、すぐには反応《はんのう》しない。

後鳥羽上皇《ごとばじょうこう》の心には、はげしい怒《いか》りがうずをまいていた。あれだけひいきにして、期待していた実朝《さねとも》が殺《ころ》されてしまったのである。周りの武士《ぶし》たちは何をやっていたのだ。将軍《しょうぐん》を守ることもできないのか。

後鳥羽上皇《ごとばじょうこう》は自分の思い通りにいかないことが許《ゆる》せなかった。いや、病死であれば、天命だから仕方ないと、あきらめられただろう。だが、暗殺《あんさつ》なのだ。ばかげている。

つづいて使者がやってきて、次の将軍《しょうぐん》を鎌倉《かまくら》に送ってほしい、という願いが届《とど》けられた。後鳥羽上皇《ごとばじょうこう》は兼子《けんし》を通じて、息子《むすこ》を送ると約束している。しかし、状《じょう》況《きょう》が一変したいま、すぐには応《おう》じられない。応《おう》じられるはずがない。

「いずれ送る」

後鳥羽上皇《ごとばじょうこう》は答えた。

すなわち、今は送らない、という意味である。危険《きけん》な場所に大事な息子《むすこ》を送れるか、という思いがある。幕府《ばくふ》に対する信頼《しんらい》はなくなっていた。

返答を聞いた政子《まさこ》と義時《よしとき》は、顔を見あわせた。鎌倉《かまくら》の混乱《こんらん》を見て、すでに謀反《むほん》も起きている。すぐに鎮圧《ちんあつ》できたからよいが、他でもそうした動きがあるかもしれない。早く新しい将軍《しょうぐん》を立てて、落ちつきを取り戻《もど》したい。

政子《まさこ》はさらに使者を送って、約束を果たすよう求めた。これに対し、後鳥羽上《ごとばじょう》皇《こう》は摂津《せっつ》国（今の大阪府）にある二つの荘園《しょうえん》について、地頭《じとう》を廃止《はいし》せよ、と命じた。すなわち、その荘園《しょうえん》の権利《けんり》を手放せ、ということである。

政子《まさこ》、義時《よしとき》、大江広元《おおえのひろもと》など幕府《ばくふ》の有力者は、連日、話し合った。政子《まさこ》は実朝《さねとも》の死を悲しむまもなく、幕府《ばくふ》の先行きに頭を悩《なや》ませている。

「とても受け入れられぬ」

意見はほぼ一致《いっち》していた。ここでゆずれば、後鳥羽上皇《ごとばじょうこう》はさらなる要求を重ねてくるだろう。しかも、息子《むすこ》をすぐに送ってくるという保証《ほしょう》もない。ただ、断《ことわ》るにしても駆《か》け引きが必要になる。腰《こし》を低くしてお願いするか、強気に出るか。

「我《われ》らは朝廷《ちょうてい》の支配《しはい》を受けているわけではない。その点ははっきりさせておきたい」

政子《まさこ》の発言に、義時《よしとき》はうなずいた。

「そうだ。上皇《じょうこう》は我《われ》らの上に立とうとしているようだが、それは許《ゆる》されない」

「我《われ》らの武力《ぶりょく》を強調してはいかがでしょう」

大江広元《おおえのひろもと》の案により、兵をともなった使者を送ることになった。政子《まさこ》の弟の時《とき》房《ふさ》を千騎《き》の兵とともに上京させる。時房《ときふさ》は先日の上京で後鳥羽上皇《ごとばじょうこう》に気に入られたから、使者としてふさわしい。千騎《き》の兵は、幕府《ばくふ》の強い意思を伝えるものだ。

後鳥羽上皇《ごとばじょうこう》は怒《いか》りをたぎらせた。

「あの者ら、朝廷《ちょうてい》をおどすつもりか」

朝廷《ちょうてい》と幕府《ばくふ》の交渉《こうしょう》は行きづまってしまった。

4

将軍《しょうぐん》が決まらなくて困《こま》るのは幕府《ばくふ》だが、朝廷《ちょうてい》にとっても、幕府《ばくふ》の乱《みだ》れは好ましくない。朝廷《ちょうてい》と縁《ゆかり》の深い将軍《しょうぐん》を通じて幕府《ばくふ》を支配《しはい》するのが、後鳥羽上皇《ごとばじょうこう》の考えである。

「皇子《みこ》は無理だが、摂政《せっしょう》・関白《かんぱく》の子なら、検討《けんとう》してもよいかもしれぬ」

後鳥羽上皇《ごとばじょうこう》は周囲《しゅうい》にもらした。摂政《せっしょう》・関白《かんぱく》は天皇《てんのう》を補佐《ほさ》する最高の官職《かんしょく》で、摂《せっ》政《しょう》・関白《かんぱく》になれるのは摂家《せっけ》、また摂関家《せっかんけ》といって、藤原《ふじわら》氏の一族にかぎられている。公家《くげ》のなかでも最高の家柄《いえがら》だ。つまり、皇族《こうぞく》はだめでも、その次の格《かく》ならば、将軍《しょうぐん》として送ってもいい、と言ったのだ。

これが三浦義村《みうらよしむら》の耳に入って、あらためて交渉《こうしょう》が進んだ。幕府《ばくふ》も朝廷《ちょうてい》も、互《たが》いにゆずりあったかたちである。

四代将軍《しょうぐん》に選ばれたのは、藤原頼経《ふじわらのよりつね》という二歳《さい》の子だ。政子《まさこ》が「尼将軍《あましょうぐん》」として政治《せいじ》をおこなうことになった。

「おおむね満足のいく結果だ」

義時《よしとき》は胸《むね》をなでおろしていたが、政子《まさこ》は不安を感じていた。

「朝廷《ちょうてい》との間が、ぎくしゃくしないとよいが」

三浦義村《みうらよしむら》がうなずく。

「上皇《じょうこう》は野心的な人ですから、また無理難題《むりなんだい》を言ってくるでしょう。ですが、無《む》条件《じょうけん》でしたがう必要はありません」

「ああ、私《わたし》は朝廷《ちょうてい》の下に立つつもりはない。武士《ぶし》の代表として、主張《しゅちょう》するべきときは主張《しゅちょう》しよう」

義時《よしとき》は重々《おもおも》しく決意を述《の》べた。

こうして、幕府《ばくふ》が新しい将軍《しょうぐん》をむかえる準備《じゅんび》を進める間、京では大事件《だいじけん》が起こった。

源頼茂《みなもとのよりもち》の謀反《むほん》である。

頼茂《よりもち》は源氏《げんじ》の名門出身で、内裏《だいり》つまり天皇《てんのう》の御所《ごしょ》を守る職《しょく》についていた。幕府《ばくふ》でも朝廷《ちょうてい》でも、高い地位についていたので、将軍《しょうぐん》になろうとたくらんでいたという。しかし、新しい将軍《しょうぐん》が決まったので、実力行使を計画したところ、朝廷《ちょうてい》に話がもれた。

後鳥羽上皇《ごとばじょうこう》は、京を守る御家人《ごけにん》たちに命じて、頼茂《よりもち》を討伐《とうばつ》させた。頼茂《よりもち》は内裏《だいり》にたてこもって戦い、最後は火を放って死んだ。火は多くの建物《たてもの》にまわり、宝物《ほうもつ》とともに内裏《だいり》は焼け落ちた。

「内裏《だいり》が焼けただと!?」

後鳥羽上皇《ごとばじょうこう》はまたしても激怒《げきど》した。

「あれもこれも幕府《ばくふ》のせいだ。将軍《しょうぐん》の位をめぐる争いが原因《げんいん》ではないか」

次々とふりかかる災難《さいなん》のせいか、後鳥羽上皇《ごとばじょうこう》は病に倒《たお》れて寝《ね》こんでしまった。

一ヵ月以上、病に伏《ふ》していた後鳥羽上皇《ごとばじょうこう》であったが、復活《ふっかつ》すると、再《ふたた》び精力的《せいりょくてき》に動きはじめる。

まずとりかかったのは、内裏《だいり》の再建《さいけん》であった。

「天皇《てんのう》がみすぼらしい屋敷《やしき》に住むわけにはいかぬ。この国の支配者《しはいしゃ》にふさわしい、豪華《ごうか》な内裏《だいり》を建てるのだ」

しかし、内裏《だいり》の再建《さいけん》には多額《たがく》の費用《ひよう》がかかる。後鳥羽上皇《ごとばじょうこう》は増税《ぞうぜい》をおこなって、費用《ひよう》をまかなおうとした。当然ながら、この方針《ほうしん》は大きな反発をまねいた。各地で抵抗《ていこう》が広がり、内裏《だいり》を建設《けんせつ》する役目の者も、まじめに仕事をしようとはしなかった。

「上皇陛下《じょうこうへいか》は何だってあんなに熱心なんだ？」

「わからん。無理に金を集めてまですることじゃないだろうに」

冷めた雰囲気《ふんいき》は全国に広がっていた。とくに東国では、朝廷《ちょうてい》のために税《ぜい》を集めようとする者は多くない。

後鳥羽上皇《ごとばじょうこう》は、自分の命令が行きとどかないと不機嫌《ふきげん》になる。

「だいたい、内裏《だいり》が焼けたのは幕府《ばくふ》のせいだ。幕府《ばくふ》が先頭に立って資金《しきん》集めをしてもいいくらいではないか」

後鳥羽上皇《ごとばじょうこう》は内裏《だいり》の再建《さいけん》をいったん中止にせざるをえなかった。幕府《ばくふ》への怒《いか》りはさらにつのっていく。その矛先《ほこさき》は、幕府《ばくふ》の中心である義時《よしとき》に向かっていた。

承久《じょうきゅう》二年（西暦《せいれき》一二二〇年）、鎌倉《かまくら》では火事や暴風雨《ぼうふうう》といった災害《さいがい》がつづき、幕府《ばくふ》は復興《ふっこう》にいそがしかった。後鳥羽上皇《ごとばじょうこう》はその隙《すき》に、とくに京にいる御家人《ごけにん》を味方につけ、義時《よしとき》を排除《はいじょ》すべく行動する。

京で役職《やくしょく》についている御家人《ごけにん》は、朝廷《ちょうてい》に近いだけあって、後鳥羽上皇《ごとばじょうこう》の命令にもしたがう。幕府《ばくふ》か朝廷《ちょうてい》かの選択《せんたく》になったとき、朝廷《ちょうてい》を選ぶ者が多かった。なかでも一番の大物が、三浦義村《みうらよしむら》の弟、三浦胤義《みうらたねよし》である。

三浦胤義《みうらたねよし》は兄とともに、義時《よしとき》に敵対《てきたい》する者を次々と滅《ほろ》ぼしてきた。だが、後鳥《ごと》羽上皇《ばじょうこう》の誘《さそ》いを受けると、すぐに決意をかためた。

「北条義時《ほうじょうよしとき》が実権《じっけん》をにぎる今の体制《たいせい》はおかしい。おれは源氏《げんじ》の将軍様《しょうぐん》に仕えてきたのだ。義時《よしとき》を討《う》つのが、武士《ぶし》としての務《つと》めだ」

三浦胤義《みうらたねよし》の妻《つま》は、かつて頼家《よりいえ》の側室であった。頼家《よりいえ》との間に子どもがいて、出家していたが、その子は義時《よしとき》の命令で殺《ころ》された。妻《つま》は義時《よしとき》をひどくうらんでおり、胤義《たねよし》は妻《つま》をかわいそうに思っていた。それが動機のひとつである。もちろん、野心もある。義時《よしとき》を討伐《とうばつ》した後、幕府《ばくふ》の実権《じっけん》をにぎるのは胤義《たねよし》になるだろう。

胤義《たねよし》は朝廷《ちょうてい》の情報《じょうほう》を兄の義村《よしむら》に送らなかった。

「兄も上皇《じょうこう》の命令を受ければ仲間になるだろう。だが、知らせるのは準備《じゅんび》ができてからだ」

幕府《ばくふ》の知らぬ間に、後鳥羽上皇《ごとばじょうこう》は着々《ちゃくちゃく》と計画を進めていた。

四章

武士《ぶし》の誇《ほこ》り

1

承久三年《じょうきゅう》（西暦《せいれき》一二二一年）四月二十八日。

千騎《き》あまりの兵が、後鳥羽上皇《ごとばじょうこう》の御所《ごしょ》に集まった。朝廷《ちょうてい》に仕える武士《ぶし》のほか、京を守る御家人《ごけにん》、周辺諸国《しょこく》で朝廷《ちょうてい》に味方する武士《ぶし》たちである。三浦胤義《みうらたねよし》とその手《て》勢《ぜい》もふくまれている。

僧《そう》たちが北条義時《ほうじょうよしとき》を滅《ほろ》ぼすための経《きょう》を読み、祈《いの》りをささげている。後鳥羽上皇《ごとばじょうこう》はそれを聞きながら、満足げにうなずいた。

「言うことを聞かないやつらを倒《たお》して、この国をあるべき姿《すがた》に戻《もど》す」

息子《むすこ》の土御門上皇《つちみかどじょうこう》など、反対する者もいたが、後鳥羽上皇《ごとばじょうこう》の決意はゆらがなかった。実朝《さねとも》が生きていたら、兵を挙げる必要はなかっただろう。だが、惜《お》しんでも死者は帰ってこない。正しい道を行くために、国を乱《みだ》す悪の根源《こんげん》、北条義時《ほうじょうよしとき》を討《う》つ。

実際《じっさい》に兵が動いたのは、五月十五日である。承久《じょうきゅう》の乱《らん》と呼《よ》ばれる兵乱《へいらん》がついにはじまった。

朝廷《ちょうてい》の軍つまり官軍は、幕府《ばくふ》の京都守護《しゅご》、伊賀光季《いがみつすえ》の屋敷《やしき》を囲《かこ》んでいた。伊賀《いが》光季《みつすえ》は後鳥羽上皇《ごとばじょうこう》に味方することを拒否《きょひ》したため、討伐軍《とうばつぐん》を送られたのだ。

官軍の千騎《き》に対して、伊賀光季《いがみつすえ》の手勢《てぜい》は百騎《き》を下回る。

「敵《てき》は大軍だ。逃《に》げたい者は逃《に》げよ」

光季《みつすえ》が告《つ》げると、半分以上の兵が逃《に》げ出した。光季《みつすえ》は鎌倉《かまくら》に急を知らせる使者を選んで、逃《に》げる者にまぎれこませた。

「私《わたし》はここで死ぬだろうが、朝廷《ちょうてい》の好きにはさせぬぞ」

伊賀光季《いがみつすえ》は三十騎《き》ばかりの兵をしたがえて、屋敷《やしき》の門を開いた。

寄《よ》せ手の先頭には、三浦胤義《みうらたねよし》が立っていた。伊賀光季《いがみつすえ》が呼《よ》びかける。

「私《わたし》が何の罪《つみ》をおかした？　兵を送られる理由などどこにもないぞ」

三浦胤義《みうらたねよし》は答えた。

「時流が読めないのは罪《つみ》だ。上皇陛下《じょうこうへいか》の命にしたがい、貴様《きさま》を討《う》つ！」

「わけのわからないことを言うな！　道理が通じないならば、全力で戦うのみ」

伊賀光季《いがみつすえ》はすばやく矢を放った。

矢は三浦胤義《みうらたねよし》の顔のすぐ横を通りすぎた。ほおにひと筋《すじ》の血がにじんだ。

「くっ」

三浦胤義《みうらたねよし》は後退《こうたい》し、配下の軍勢に総攻撃《そうこうげき》を命じた。

伊賀光季《いがみつすえ》は奮闘《ふんとう》したが、兵力の差はどうにもならず、最後は屋敷《やしき》に火を放って死んだ。

これを聞いた後鳥羽上皇《ごとばじょうこう》はため息をついた。

「伊賀光季《いがみつすえ》は立派《りっぱ》な武士《ぶし》であった。ああいう男を味方にしたかったのだが」

三浦胤義《みうらたねよし》が言う。

「私《わたし》がおります。必ずや、北条義時《ほうじょうよしとき》の首を持ってまいります」

「うむ、期待している。数をそろえて、北条《ほうじょう》を討《う》つのだ」

後鳥羽上皇《ごとばじょうこう》は側近に命じ、院宣《いんぜん》という上皇《じょうこう》の意思を伝える文書を出させて、御《ご》家人《けにん》たちに呼《よ》びかけた。

「北条義時《ほうじょうよしとき》は将軍《しょうぐん》が幼《おさな》いことを利用して、好き勝手に政治《せいじ》をおこなっている。よって、彼《かれ》の権利《けんり》を奪《うば》い、朝廷《ちょうてい》が物事を決めることとする。命令にしたがわず、反逆《はんぎゃく》する者は滅《ほろ》ぼす。活躍《かつやく》した者には褒美《ほうび》を与《あた》える」

院宣《いんぜん》を伝える使者が、鎌倉《かまくら》へと旅立つ。

三浦義村《みうらよしむら》には、弟の胤義《たねよし》が手紙を送った。同時に、伊賀光季《いがみつすえ》の屋敷《やしき》から脱出《だっしゅつ》した使者も、鎌倉《かまくら》へ急いでいた。

五月十九日、三浦義村《みうらよしむら》は弟からの使者をむかえた。

「上皇陛下《じょうこうへいか》から、義時討伐《よしときとうばつ》の命令が下された。義時《よしとき》を討《う》てば、思うがままの褒美《ほうび》をくださるという。兄上なら、簡単《かんたん》に義時《よしとき》を殺《ころ》せるだろう。ともに立ちあがり、成功をおさめようではないか」

手紙を一読すると、義村《よしむら》は表情《ひょうじょう》を変えずにたずねた。

「東国の御家人《ごけにん》に命令が下ったのか？」

「はい。院宣《いんぜん》を持った使者とともにやってきました。まもなく、鎌倉《かまくら》じゅうの御《ご》家人《けにん》に伝わるでしょう」

「そうか。すぐに返事を書くから、待っておれ」

義村《よしむら》は配下の者に使者を殺《ころ》すよう命じて、義時《よしとき》の屋敷《やしき》に走った。

「胤義《たねよし》は愚《おろ》か者だ。そのような誘《さそ》いに、私《わたし》が乗るわけがなかろう」

義村《よしむら》が義時《よしとき》に忠誠《ちゅうせい》を誓《ちか》っているからではない。胤義《たねよし》に誘《さそ》われて朝廷《ちょうてい》にしたがったら、胤義《たねよし》の下につくことになるではないか。そのような決断《けつだん》を下すはずがない。それに、義村《よしむら》がこれまで義時《よしとき》にしたがってきたのは、義時《よしとき》の勝利が見えていたからだ。今回もそれは変わらない。

「勝つのは私《わたし》たちだ」

義村《よしむら》が義時《よしとき》の屋敷《やしき》に着いたとき、ちょうど伊賀光季《いがみつすえ》が送った使者もたどりついていた。後鳥羽上皇《ごとばじょうこう》の義時討伐令《よしときとうばつれい》は、みなをおどろかせた。

「まさか、上皇《じょうこう》がそこまでやるとはな」

義時《よしとき》は平静をよそおっていたが、声がわずかにふるえをおびていた。

三浦義村《みうらよしむら》が進言する。

「急いで朝廷《ちょうてい》からの使者をさがしましょう。我《われ》らが発表するより早く、院宣《いんぜん》が広まれば、御家人《ごけにん》たちの心に迷《まよ》いが生まれます」

「そのとおりだ。すぐに手配しよう」

まもなく朝廷《ちょうてい》の使者はとらえられた。

院宣《いんぜん》を確認《かくにん》した義時《よしとき》は、鎌倉《かまくら》にいる有力御家人《ごけにん》を政子《まさこ》の屋敷《やしき》に呼《よ》んだ。

御家人《ごけにん》たちの到着《とうちゃく》を待つ間、義時《よしとき》は不安に押《お》しつぶされそうであった。朝廷《ちょうてい》と敵対《てきたい》するとなると、義時《よしとき》でさえ、平常心《へいじょうしん》ではいられないのだ。

義時《よしとき》は庭におりて、砂利道《じゃりみち》を行ったり来たりしている。

「みなは上皇《じょうこう》の意思にさからってまで、私《わたし》に味方してくれるだろうか」

政子《まさこ》が歩み寄《よ》り、弟の背中《せなか》をたたいた。

「しっかりしなさい」

義時《よしとき》がびくりとして、政子《まさこ》を見やる。

「そなたは鎌倉《かまくら》を、東国の武士《ぶし》を、頼朝《よりとも》様の遺産《いさん》を背負《せお》っているのだ。堂々《どうどう》と、朝廷《ちょうてい》に対して弓を引きなさい。おそれてはならない。そうでないと、人はついてこないよ」

義時《よしとき》は背筋《せすじ》を伸《の》ばした。

「そのとおりだ。私《わたし》が先頭に立って戦う意思をしめさなければならない」

「そう、御家人《ごけにん》たちには私《わたし》が話すから、そなたはただ胸《むね》を張《は》っていなさい」

やがて、十人近い有力御家人《ごけにん》たちが集まってきた。文官の大江広元《おおえのひろもと》もふくまれている。後鳥羽上皇《ごとばじょうこう》が義時討伐《よしときとうばつ》を命じたことは伝えてあるため、みな、緊張《きんちょう》の面持《おもも》ちだ。

政子《まさこ》はそれぞれの顔を見て語りかけた。

「みな、心をひとつにして聞くように。これが最後の言葉だ」

御家人《ごけにん》たちの視線《しせん》が、政子《まさこ》に集中する。

政子《まさこ》の声に、力がこもった。頼朝《よりとも》の魂《たましい》が宿ったようであった。

「頼朝《よりとも》様が敵《てき》を倒《たお》し、幕府《ばくふ》を開いてからというもの、地位にしてもお金にしても、ご恩《おん》は山よりも高く、海よりも深い。恩返《おんがえ》しの気持ちが少ないはずはなかろう。今、悪者たちのせいで、義《ぎ》に反する命令が出された。名誉《めいよ》を重んじる者は、早々に三浦胤義《みうらたねよし》らを討《う》ちとり、三代にわたる将軍の遺産《いさん》を守るように。上皇《じょうこう》に味方したいというなら、それもかまわないが、そなたらの心はすでに決まっているだろう。さあ、立ちあがるのだ」

政子《まさこ》の力強い言葉を受けて、御家人《ごけにん》たちは深くうなずいた。今こそ、頼朝《よりとも》の恩《おん》にむくいるとき、武士《ぶし》の力をしめすときだ。

「頼朝《よりとも》様がつくった幕府《ばくふ》を守る。おれは戦うぞ！」

義時《よしとき》の息子《むすこ》、泰時《やすとき》がさけんだ。

興奮《こうふん》が波のように伝わって、御家人《ごけにん》たちが立ちあがる。

「頼朝様《よりとも》のために戦おう！」

反対意見は出ない。

政子《まさこ》は涙《なみだ》をぬぐった。

追討令《ついとうれい》は義時《よしとき》を対象《たいしょう》にしているのだが、政子《まさこ》は頼朝《よりとも》の名を出して、幕府《ばくふ》を守るため、武士《ぶし》の誇《ほこ》りを守るための戦いだとうったえた。それが成功したのだ。頼朝《よりとも》の妻《つま》であった政子《まさこ》だからこその言葉であった。

2

幕府《ばくふ》の方針《ほうしん》は決まった。

後鳥羽上皇《ごとばじょうこう》の宣戦布告《せんせんふこく》に対し、全力で戦う。

次に、どこでどう戦うかを決めなければならない。選択肢《せんたくし》は大きく分けて二つ。関東で迎《むか》え撃《う》つか、京へのぼって戦うか、である。

軍議の席で、義時《よしとき》が主張《しゅちょう》した。

「鎌倉《かまくら》は難攻不落《なんこうふらく》の地だ。ここと箱根の関所に兵をおいて防備《ぼうび》を固めれば、まず負けることはない」

賛成《さんせい》する声があがった。上皇《じょうこう》側がどれだけの軍勢《ぐんぜい》をそろえてくるか、まだわからないが、守るほうが無難《ぶなん》である。まず地の利があるし、兵力も多くつぎこめる。敵《てき》は京の守りに精鋭《せいえい》を残すだろう。攻《せ》めこむと、それらを相手にしなければならない。

御家人《ごけにん》たちの議論《ぎろん》はまとまりかけたが、大江広元《おおえのひろもと》が反対した。

「私《わたし》は軍事にはくわしくありませんが、人の心はわかります。長期戦になれば、必ず不安が生まれるもの。そのとき、朝廷《ちょうてい》から裏切《うらぎ》りを求められたら、どうなるでしょうか。ゆれ動く者も出てくるでしょう。運を天に任《まか》せて、早く京へ進軍するべきです」

武士《ぶし》たちは沈黙《ちんもく》してしまった。大江広元《おおえのひろもと》の主張《しゅちょう》は一理あるが、文官の発言に賛《さん》成《せい》はしにくい。軍事的には、攻《せ》めのぼるのは一種の賭《か》けで、勝算はない。

「大江殿《おおえのどの》の言うことはもっともだが……」

義時《よしとき》も歯切れが悪くなった。

政子《まさこ》が口を開く。

「私《わたし》も京へのぼって、早く決着をつけるべきだと思う。迷《まよ》っている者は、勢《いきお》いのあるほうにつくものだ。京へ攻《せ》めこんで勢《いきお》いをしめそう」

「姉上もそう言うのなら、京をめざすか」

義時《よしとき》はいったん納得《なっとく》し、東国の武士《ぶし》たちに出撃《しゅつげき》を命じた。しかし、準備《じゅんび》を進める途中《とちゅう》で、また反対意見が出てきた。鎌倉《かまくら》に集まってきた武士《ぶし》たちが、京へのぼる作戦に不安を感じているという。

大江広元《おおえのひろもと》が強い調子で意見を述《の》べた。

「私《わたし》の言ったとおりではありませんか。早く出発しないから、不安が出てくるのです。たとえ大将《たいしょう》ひとりでも出発するべきです」

「いや、それはさすがに無謀《むぼう》だ。もう一度考えてみよう」

迷《まよ》う義時《よしとき》を見て、政子《まさこ》は三善康信《みよしやすのぶ》を呼《よ》んだ。三善康信《みよしやすのぶ》は頼朝《よりとも》の挙兵に協力した貴族《きぞく》で、幕府《ばくふ》を支《ささ》えた文官のひとりである。高齢《こうれい》のため引退《いんたい》していたが、政子《まさこ》の頼《たの》みと聞くと、杖《つえ》をついてやってきた。

「時を無駄《むだ》にしてはなりません。すぐに京へ向かってください。強い意思を見せれば、軍勢《ぐんぜい》は後から後から増《ふ》えていくものです」

頼朝《よりとも》の戦いを知る数少ない人物、大江広元《おおえのひろもと》と三善康信《みよしやすのぶ》はすぐに兵を出せという。政子《まさこ》の考えも同じだ。

義時《よしとき》はようやく踏《ふ》ん切りをつけた。

「わかった。すぐに泰時《やすとき》を出発させよう」

総大将《そうだいしょう》となる北条泰時《ほうじょうやすとき》は、義時《よしとき》の長男で、この年三十九歳《さい》である。和田義盛《わだよしもり》との戦いなどで手柄《てがら》を立てており、敵《てき》をおそれずに戦うことから、御家人《ごけにん》たちの信頼《しんらい》が厚《あつ》い。

五月二十二日早朝、泰時《やすとき》は鎌倉《かまくら》を出発する。したがうのは、泰時《やすとき》の息子《むすこ》、時氏《ときうじ》など わずか十八騎《き》であった。三浦義村《みうらよしむら》、北条時房《ほうじょうときふさ》などが急いで軍勢《ぐんぜい》を仕立て、後を追った。

「幕府《ばくふ》を滅《ほろ》ぼそうとする朝廷《ちょうてい》の軍を討《う》つ。武士《ぶし》たちよ、我《わ》が旗のもとに集《つど》え。我《われ》らの力を見せてやろうぞ！」

幕府軍《ばくふぐん》が宣伝《せんでん》をしながら進むと、様子見をしていた御家人《ごけにん》たちが、次々と加わってきた。西へ行くごとに軍勢《ぐんぜい》が増《ふ》えていく。

数が増《ふ》えれば勝てるだろうし、勝てば褒美《ほうび》をもらえる。自分だけ参加しなければ、褒美《ほうび》がもらえないどころか、罰《ばっ》せられるかもしれない。そう考えた者たちが、我《われ》も我《われ》もとやってきて、幕府軍《ばくふぐん》はふくれあがった。その数、一万騎《き》を超《こ》える。

泰時《やすとき》がひきいて東海道を進む本隊とは別に、内陸部の東山道《とうさんどう》、日本海側の北陸道から京をめざす部隊も組織《そしき》されている。総勢《そうぜい》は二万騎《き》近くになった。

五月末近くになって、幕府軍《ばくふぐん》の動きが朝廷《ちょうてい》に伝わった。

「幕府《ばくふ》の大軍が京をめざしています！」

悲鳴のような報告《ほうこく》を聞いて、後鳥羽上皇《ごとばじょうこう》は耳を疑《うたが》った。

「なぜ、御家人《ごけにん》たちは我《わ》が命令にしたがわぬのか⁉」

鎌倉《かまくら》で義時《よしとき》と反義時《はんよしとき》の戦いが起きるのはまちがいない。うまくいけば、すぐに義時《よしとき》の首が届《とど》くかもしれない。後鳥羽上皇《ごとばじょうこう》はそう考えていたのだ。武士《ぶし》たちが団《だん》結《けつ》して刃向《はむ》かってくるとは想像《そうぞう》していなかった。

「すぐに軍勢《ぐんぜい》を向かわせろ。賊《ぞく》どもを京に入れるな」

後鳥羽上皇《ごとばじょうこう》は命じた。朝廷《ちょうてい》側に立つ武士《ぶし》だけでなく、僧《そう》でも貴族《きぞく》でもかまわないから、戦える者を送りこめ、と指示《しじ》する。

官軍の総大将《そうだいしょう》は、藤原秀康《ふじわらのひでやす》という。後鳥羽上皇《ごとばじょうこう》の側近で、朝廷《ちょうてい》に仕えて出世した武士《ぶし》だが、実戦経験《けいけん》はとぼしい。

「美濃国《みの》（今の岐阜県）で迎撃《げいげき》せよ。木曾川《きそがわ》を渡《わた》ってくる敵《てき》を討《う》つのだ」

藤原秀康《ふじわらのひでやす》は命じた。弟の藤原秀澄《ふじわらのひでずみ》が前線の指揮《しき》を任《まか》されたが、秀澄《ひでずみ》は防衛《ぼうえい》の兵を十二ヵ所の拠点《きょてん》に分けて配置した。武士《ぶし》のひとりが進言する。

「兵力を分けるのは愚策《ぐさく》です。全軍をひきいて敵《てき》の本隊に攻撃《こうげき》をかけましょう」

藤原秀澄《ふじわらのひでずみ》ははげしく首をふって拒否《きょひ》した。

「馬鹿《ばか》なことを言うな。敵《てき》を待ちかまえていればいいのだ」

「しかし、少数の兵をさらに分けてしまったら、とても対抗《たいこう》できません」

官軍の兵は五千騎《き》ほどで、もともと数が少ない。それを分けたら各個撃破《かっこげきは》されるだけだ。だが、藤原秀澄《ふじわらのひでずみ》は進言を聞かなかった。

結果、官軍は十倍二十倍の幕府軍《ばくふぐん》を相手にしなければならなくなった。官軍は勇敢《ゆうかん》に戦ったが、多勢《たぜい》に無勢《ぶぜい》であるから、とてもかなわない。

官軍の中心である三浦胤義《みうらたねよし》はぶつぶつとつぶやいていた。

「おかしい。御家人《ごけにん》どもはなぜ義時《よしとき》に味方するのだ。兄もだ。後ろから義時《よしとき》を刺《さ》せば、それで終わりではないか」

三浦胤義《みうらたねよし》はそれでも、弓をとって戦い、二人の敵《てき》を射落《いお》とした。敵軍《てきぐん》が土煙《つちけむり》をあげて迫《せま》ってきたところで、馬を返して逃《に》げる。矢が当たらぬよう、姿勢《しせい》を低くして駆《か》け、何とか京まで逃《に》げのびた。

藤原秀澄《ふじわらのひでずみ》は敵軍《てきぐん》を見る前に逃《に》げ出した。総大将《そうだいしょう》の藤原秀康《ふじわらのひでやす》は敵《てき》と刀を合わせ、腕《うで》を怪我《けが》して退却《たいきゃく》した。

初戦はあっさりと決着がついたが、実は美濃《みの》での戦いがはじまるまで、幕府軍《ばくふぐん》は決して一枚岩《いちまいいわ》ではなかった。

「戦《いくさ》は生き残って褒美《ほうび》をもらうのが一番大事だ。我《われ》らは勝つほうに味方する。それが武士《ぶし》というものだ」

そう言っている者も少なくなかったのだ。勝ちながら進むことで、幕府軍《ばくふぐん》はまとまっていった。

美濃《みの》から近江国《おうみ》（今の滋賀県《しが》）に入れば、京は目前である。

3

後鳥羽上皇《ごとばじょうこう》は自分の手の届《とど》く範囲《はんい》のことは、すべて思いどおりにしてきた。頭がよく、運動能力《のうりょく》も高く、音楽の才能《さいのう》もあって、身体が丈夫《じょうぶ》だった。できないことは何もなかった。命令すれば、だれもがしたがった。

しかし、東国には後鳥羽上皇《ごとばじょうこう》の手は届《とど》かなかった。それでも、官軍が早々に鎌《かま》倉《くら》に向かって進軍していれば、様子見をしていた武士《ぶし》たちが集まって、幕府軍《ばくふぐん》を圧倒《あっとう》するほどの兵力になったかもしれない。実際《じっさい》には、堂々《どうどう》と進軍する幕府軍《ばくふぐん》を見て、日和見《ひよりみ》の武士《ぶし》たちはほとんどが幕府軍《ばくふぐん》についた。

西国の武士《ぶし》は上皇《じょうこう》の命令に応《おう》じて京をめざしていた。だが、幕府軍《ばくふぐん》の動きが早すぎたため、戦《いくさ》には間に合わなかった。

京に幕府軍《ばくふぐん》が迫《せま》ると、後鳥羽上皇《ごとばじょうこう》は延暦寺《えんりゃくじ》をたずねて、兵を出すよう交渉《こうしょう》した。

延暦寺《えんりゃくじ》は多くの僧兵《そうへい》をかかえているが、反応《はんのう》は冷たかった。

「私《わたし》どもは寺を守るので手一杯《ていっぱい》です。幕府軍《ばくふぐん》から都を守るなど、とても無理です」

僧《そう》たちに朝廷《ちょうてい》に味方する義理《ぎり》はないのだ。断《ことわ》られるのも当然であった。

ただ、付近の寺の僧兵《そうへい》をやとうなどして、数千の兵を用意することはできた。

後鳥羽上皇《ごとばじょうこう》はその兵を前線に送って、最後の抵抗《ていこう》をこころみる。

幕府軍《ばくふぐん》は六月十三日、淀川《よどがわ》を渡《わた》る作戦にとりかかった。

淀川《よどがわ》は琵琶湖《びわこ》から大阪湾《わん》まで流れる川で、上流部分を瀬田川《せたがわ》、中流部分を宇治《うじ》川《がわ》という。京を守る側にとっては、この川が最後の防衛線《ぼうえいせん》になる。

幕府軍《ばくふぐん》は瀬田《せた》の橋を北条時房《ほうじょうときふさ》が、宇治《うじ》の橋を北条泰時《ほうじょうやすとき》が攻《せ》め、三浦義村《みうらよしむら》がさらに下流にまわって南から京をねらう。

この日は雨が強く降《ふ》っており、川の水かさが増《ふ》えていた。気温が高いため、よろいのなかは汗《あせ》まみれだ。足もとはすべり、視界《しかい》も悪く、戦《いくさ》の条件《じょうけん》としては最悪に近かった。それでも、幕府軍《ばくふぐん》の戦意は高い。ときの声をあげて駆《か》け、川に達した。

琵琶湖《びわこ》に近い瀬田《せた》の橋では、二千騎《き》ほどの官軍が待ち受けていた。橋を渡《わた》らせないよう、板をはずして骨組《ほねぐ》みだけにしている。

幕府軍《ばくふぐん》が馬をおりて橋に押《お》し寄《よ》せる。官軍が雨を裂《さ》いて矢を放つ。矢を受けた武士《ぶし》がよろめいて川に落ちた。橋の下は、茶色の水がごうごうと音を立てて流れている。落ちた者はすぐにしずんで、二度と浮《う》きあがらない。

幕府軍《ばくふぐん》の命知らずの武士《ぶし》が橋げたをはって進み、矢がよろいに突《つ》き立つのを物ともせず、最後まで渡《わた》りきった。しかし、そこには、大太刀《おおたち》をかまえた僧兵《そうへい》が待ち受けていた。大太刀《おおたち》が風の音を立てて振《ふ》りおろされると、命知らずの武士《ぶし》は首を落とされて転がった。その僧兵《そうへい》も対岸から放たれた矢を受けて倒《たお》れ伏《ふ》す。降《ふ》りしきる雨が血を洗《あら》い流した。

橋をめぐる激戦《げきせん》がつづいた。官軍は大きな盾《たて》をかざして守りながら、矢の雨を降《ふ》らせる。骨組《ほねぐ》みだけの橋は雨と血ですべり、幕府軍《ばくふぐん》は駆《か》け渡《わた》ることができない。一人二人が対岸にたどりついても、討《う》ちとられるだけである。

北条時房《ほうじょうときふさ》は灰色《はいいろ》の空を見上げて歯ぎしりした。

「雨が降《ふ》っていなければ、こんなに苦戦はしないのだが」

晴れていれば橋がすべることもないし、浅瀬《あさせ》を渡《わた》ることもできるだろう。だが、雨がやむ気配はない。このまま戦っていても、犠牲《ぎせい》が増《ふ》えるばかりだ。

「後退《こうたい》せよ。体勢《たいせい》をととのえる」

時房《ときふさ》は命じた。しかし、雨音とときの声にまぎれて、なかなか命令が伝わらない。伝令を何人も出して、ようやく幕府軍《ばくふぐん》は攻撃《こうげき》をやめた。この日の渡河《とか》はあきらめ、翌日《よくじつ》に再《ふた》び攻撃《こうげき》する、と定《さだ》めた。

同じ頃《ころ》、中流の宇治橋《うじばし》でも、雨の中で激闘《げきとう》がくりひろげられていた。官軍が橋を守り、幕府軍《ばくふぐん》は強引《ごういん》に渡《わた》ろうとする。

官軍は橋に矢を集中させ、たもとで歴戦《れきせん》の僧兵《そうへい》が待ち受ける態勢《たいせい》をとっていた。

瀬田《せた》と同じ構図《こうず》だ。僧兵《そうへい》は薙刀《なぎなた》といって、柄《つか》が長く、先に刃《は》のついた武器《ぶき》を使う。矢をかいくぐって対岸に近づいた幕府軍《ばくふぐん》の武士《ぶし》は、薙刀《なぎなた》に打たれ、斬《き》られて川に落下する。徒歩同士《どうし》の戦いでは、間合いの長い薙刀《なぎなた》を足場のいい位置でふるう僧《そう》兵《へい》が、圧倒的《あっとうてき》に有利だ。

それでも、幕府軍《ばくふぐん》の武士《ぶし》たちはひるむことなく向かっていく。下級の武士《ぶし》たちは身を捨《す》てて名をあげようとしており、死をまったくおそれない。

北条泰時《ほうじょうやすとき》は犠牲《ぎせい》を覚悟《かくご》で突破《とっぱ》するつもりだったが、家臣の一人が進言した。

「力押《ちからお》しでは、渡《わた》れそうにありません。いったん引くべきです」

泰時《やすとき》は一瞬《いっしゅん》、家臣をにらんだが、すぐに同意した。

「いかにも。今日は日が悪い」

攻撃《こうげき》の中止を命じられ、幕府軍《ばくふぐん》は後退《こうたい》して陣《じん》を張《は》った。

翌朝《よくあさ》、雨はやんだが、空はまだくもっている。幕府軍《ばくふぐん》は橋を渡《わた》るのをあきらめ、浅瀬《あさせ》をさがして馬で渡《わた》ることにした。中州《なかす》の近くに浅瀬《あさせ》を見つけたが、雨で増水《ぞうすい》しているために、簡単《かんたん》に渡《わた》れそうにはない。

佐々木信綱《ささきのぶつな》という武士《ぶし》が、決死の覚悟《かくご》で馬を駆《か》った。川に乗り入れ、馬の首を必死に押《お》して、かろうじて渡《わた》りきる。

中州《なかす》にあがると、対岸に官軍の姿《すがた》が見えた。弓をかまえて、こちらにねらいを定《さだ》めている。

佐々木信綱《ささきのぶつな》は高らかに名乗りをあげた。

「宇治川《うじがわ》の一番乗りは佐々木信綱《ささきのぶつな》だ！」

幕府軍《ばくふぐん》の武士《ぶし》たちは、負けるものかと川を渡《わた》りはじめる。流れに馬が足をとられ、流される者も続出したが、八割《わり》ほどは中州《なかす》まで達した。数がそろったところで、再《ふたた》び対岸をめざして川に馬を進める。

対岸から、矢がいっせいに放たれた。馬と人の悲鳴がひびきわたる。

さらに、川のなかに綱《つな》が張《は》ってあって、渡河《とか》を妨害《ぼうがい》した。幕府軍《ばくふぐん》はなかなか進めず、多くの犠牲《ぎせい》を出してしまう。

見守っていた北条泰時《ほうじょうやすとき》は、自軍の苦戦に眉《まゆ》をひそめた。

「まずい状況《じょうきょう》だな……。しかし、ここで引いたら、突《つ》っこんでいった者たちを見《み》殺《ごろ》しにすることになる」

泰時《やすとき》は息子《むすこ》の時氏《ときうじ》に命じた。

「部下とともに対岸に渡《わた》れ。討《う》ち死《じ》にする覚悟《かくご》で、敵陣《てきじん》を斬《き》り破《やぶ》れ」

「心得《こころえ》ました」

時氏《ときうじ》が川に馬をおどらせる。

泰時《やすとき》もつづこうとしたが、馬の手綱《たづな》を引いていた家臣が声をかけた。

「お待ちください。向こう岸に渡《わた》るためには、少しでも軽くしたほうがいいです。よろいを脱《ぬ》いでください」

「なるほど、もっともだ」

泰時《やすとき》は馬をおりてよろいを脱《ぬ》ぎはじめた。その間に、家臣は手綱《たづな》を放して、馬の尻《しり》をたたいた。おどろいた馬が主人をおいて駆《か》けていく。

「あ、ああ……馬が……申《もう》し訳《わけ》ございませぬ！」

家臣は腹《はら》を斬《き》っておわびしようとしたが、泰時《やすとき》は引き止めた。

実は、家臣は危険《きけん》な渡河《とか》をやめさせようとしていた。だが、正面から止めても、泰時《やすとき》は聞かないだろう。そこでひと芝居《しばい》して、馬を逃《に》がしたのだった。馬がなければ渡《わた》れないので、泰時《やすとき》は渡河《とか》を思いとどまった。泰時《やすとき》を救《すく》ったこの行動は、後に高く評価《ひょうか》される。

息子《むすこ》の時氏《ときうじ》はかぶととよろいに守られて、無傷《むきず》で対岸に達していた。刀をふりかざして敵《てき》に斬《き》りかかっていく。時氏《ときうじ》は奮闘《ふんとう》して、多くの敵兵《てきへい》を斬《き》り伏《ふ》せた。返り血が飛んで、よろいが赤く染《そ》まっている。

幕府軍《ばくふぐん》は近くの民家をこわして、いかだをつくりはじめた。馬ではなく、いかだに乗って川を渡《わた》ろうというのだ。

これが成功して、多くの武士《ぶし》が対岸にたどりついた。泰時《やすとき》もいかだでの渡河《とか》に成功した。幕府軍《ばくふぐん》と官軍が入り乱《みだ》れて、激戦《げきせん》がくりひろげられる。

幕府軍《ばくふぐん》が次々と川を渡《わた》って数を増《ふ》やすのに対し、官軍は少数のまま、いや、戦うごとに数を減《へ》らしていく。やがて、幕府軍《ばくふぐん》の優勢《ゆうせい》がはっきりとしてきた。

「敵《てき》を逃《に》がすな！　討《う》ち取って手柄《てがら》とせよ！　褒美《ほうび》ははずむぞ！」

泰時《やすとき》は配下の武士《ぶし》たちをはげました。「褒美《ほうび》」という言葉に勇気づけられて、幕府軍《ばくふぐん》はさらに勢《いきお》いを増《ま》す。

官軍は総崩《そうくず》れとなり、京へ向けて退却《たいきゃく》していった。瀬田《せた》でも幕府軍《ばくふぐん》は橋の突破《とっぱ》に成功し、南にまわった三浦義村《みうらよしむら》も勝利をおさめた。承久《じょうきゅう》の乱《らん》の大勢《たいせい》は決したのである。

4

藤原秀康《ふじわらのひでやす》、三浦胤義《みうらたねよし》といった官軍の指揮官《しきかん》たちは、後鳥羽上皇《ごとばじょうこう》の御所《ごしょ》に戻《もど》って、敗戦を報告《ほうこく》した。

「戦《いくさ》は負けです。申《もう》し訳《わけ》ございません。最後は御所《ごしょ》で戦い、陛下《へいか》の前ではなばなしく討《う》ち死《じ》にしようと思います。門を開けてください」

御所《ごしょ》の前で声をあげたが、門は閉《と》じられたままである。

「おまえたちがここで戦ったら、朕《ちん》の身にも危険《きけん》が及《およ》ぶではないか。戦うなら別の場所で戦え」

上皇《じょうこう》の言葉が伝えられると、藤原秀康《ふじわらのひでやす》らは絶望《ぜつぼう》した。

「どうやらおれたちは、仕える主君をまちがえたらしい」

口々に言いながら、落ちのびていく。

三浦胤義《みうらたねよし》は京の南に兄の軍勢《ぐんぜい》を見つけて、馬を寄せた。

「兄貴《あにき》を誘《さそ》ったのがまちがいだった。身内よりも朝廷《ちょうてい》よりも義時《よしとき》が大事だったのだな。不忠者《ふちゅうもの》、薄情者《はくじょうもの》め。おまえのせいでこのざまだ。こうなったら、道連れにしてやる」

胤義《たねよし》はわずかな手勢《てぜい》とともに突撃《とつげき》してきたが、義村《よしむら》は道を開けるよう命じた。

「愚《おろ》か者につきあう必要はない。相手にするな」

義村《よしむら》の本隊にかわされた胤義《たねよし》は、近くにいた幕府軍《ばくふぐん》と戦った後、兄を呪《のろ》いながら自害して果てた。

六月十五日、北条泰時《ほうじょうやすとき》がひきいる幕府軍《ばくふぐん》は京に入った。後鳥羽上皇《ごとばじょうこう》は使者を送って、幕府軍《ばくふぐん》を出迎《でむか》えた。

「義時討伐《よしときとうばつ》の命令は取り消す。あれは謀反《むほん》をたくらむ悪い家臣にそそのかされたもので、上皇《じょうこう》の意思ではない。くれぐれも京を荒《あ》らすことがないようにしてほしい。上皇《じょうこう》は二度と政治《せいじ》に口出しをしないし、武力《ぶりょく》を持たないと約束する」

事実上、全面降伏《こうふく》を伝えるものであった。

「家臣にそそのかされた、か」

泰時《やすとき》はつぶやいた。後鳥羽上皇《ごとばじょうこう》は様々な才能《さいのう》にめぐまれていたようだが、人の上に立つ器《うつわ》ではなかったのかもしれない。

三浦義村《みうらよしむら》が軍を配置して、上皇《じょうこう》や天皇《てんのう》を守った。幕府軍《ばくふぐん》は略奪《りゃくだつ》や破壊《はかい》を禁《きん》じ、治安を守るとともに、官軍の残党《ざんとう》をさがしてまわった。官軍の大将《たいしょう》だった藤原秀《ふじわらのひで》康《やす》は奈良に逃《に》げたが、後に捕《と》らえられて処刑《しょけい》された。

泰時《やすとき》が鎌倉《かまくら》を出発してから、後鳥羽上皇《ごとばじょうこう》が降伏《こうふく》するまで、ひと月も経《た》っていない。日本を二分するかに思われた大乱《たいらん》は、あっさりと終わったのである。

鎌倉《かまくら》では、義時《よしとき》と政子《まさこ》が連日、神仏《しんぶつ》に祈《いの》りをささげていた。勝利の知らせが伝わったのは、六月二十三日の深夜である。

「勝ったか」

義時《よしとき》は大きく息を吐《は》き出した。まずはほっとした気持ちが先にきて、その後で喜《よろこ》びがこみあげてきた。

「みなを呼《よ》んで宴会《えんかい》を開こうか」

満面の笑《え》みで言うと、政子《まさこ》がにらんだ。

「そんな暇《ひま》はない。決めることがたくさんある。上皇《じょうこう》たちの処罰《しょばつ》をどうするか、次の天皇《てんのう》はだれにするか、手柄《てがら》を立てた者への褒美《ほうび》……」

「わかったわかった」

義時《よしとき》は政子《まさこ》に向かって手を振《ふ》った。

「ちゃんと考えるから、もう少し喜《よろこ》びにひたらせてくれ」

政子《まさこ》が言うように、義時《よしとき》は天皇《てんのう》を決めるほどの権力《けんりょく》を得《え》たのである。陰謀《いんぼう》の渦《うず》巻《ま》く鎌倉《かまくら》で生き残り、武家《ぶけ》の頂点《ちょうてん》に立った義時《よしとき》は、朝廷《ちょうてい》を倒《たお》して、日本の頂点《ちょうてん》に立った。

義時《よしとき》は大江広元《おおえのひろもと》と相談して、後鳥羽上皇《ごとばじょうこう》の処罰《しょばつ》などを定《さだ》め、泰時《やすとき》に指示《しじ》する手紙を送った。

京では泰時《やすとき》、時房《ときふさ》が三浦義村《みうらよしむら》とともに、戦後処理《しょり》を進めた。このとき、京都守《しゅ》護《ご》に替《か》わって六波羅探題《ろくはらたんだい》が設置《せっち》され、泰時《やすとき》と時房《ときふさ》がその職《しょく》についた。

三浦義村《みうらよしむら》は北条《ほうじょう》氏の二人を支《ささ》えて働きつつ、歩んできた道をふりかえっていた。

「ついに、ここまでのぼりつめたか」

義村《よしむら》は陰謀《いんぼう》の人とみなされていた。様々に情報《じょうほう》を集めて、悪だくみをしていると思われて、嫌《きら》われていた。だが、実際《じっさい》には一途《いちず》に義時《よしとき》を支《ささ》えていたのである。義村《よしむら》の助けがあって、義時《よしとき》は最後まで勝者でありつづけた。

「これで敵《てき》はいなくなった。今後は、敵《てき》をつくらない策《さく》が必要になるな」

義村《よしむら》はつぶやいた。

もっとも、幕府《ばくふ》側の戦後処理《しょり》はきびしいものだった。

後鳥羽上皇《ごとばじょうこう》は隠岐《おき》の島へ、土御門上皇《つちみかどじょうこう》は土佐国《とさのくに》（今の高知県）へ、順徳上皇《じゅんとくじょうこう》は佐渡島《さどがしま》へ流罪《るざい》となった。後鳥羽上皇《ごとばじょうこう》に味方した武士《ぶし》は言うまでもなく、貴族《きぞく》や僧《そう》も多くが処刑《しょけい》された。新しい天皇《てんのう》には、後鳥羽上皇《ごとばじょうこう》の系統《けいとう》をさけて、その兄の息子《むすこ》が選ばれた。

上皇《じょうこう》たちや官軍に味方した者たちの領地《りょうち》は、手柄《てがら》を立てた東国の武士《ぶし》たちに与《あた》えられた。これによって、西国も幕府《ばくふ》の支配下《しはいか》に入り、武士《ぶし》の支配《しはい》が全国に広がったのであった。

承久《じょうきゅう》の乱《らん》の三年後、北条義時《ほうじょうよしとき》は六十二歳《さい》で世を去り、泰時《やすとき》が後《あと》を継《つ》いで執権《しっけん》となった。泰時《やすとき》は幕府《ばくふ》の支配《しはい》を固めるべくつとめた。貞永《じょうえい》元年（西暦《せいれき》一二三二年）には、御成敗式目《ごせいばいしきもく》という、武家《ぶけ》社会はじめての成文法を定《さだ》めている。

政子《まさこ》は弟である義時《よしとき》の死をみとどけ、泰時《やすとき》が無事に権力《けんりょく》を引き継《つ》いだことを確認《かくにん》して、嘉禄《かろく》元年（西暦《せいれき》一二二五年）に没《ぼっ》した。六十九歳《さい》であった。

政子《まさこ》が頼朝《よりとも》に嫁《とつ》いだとき、北条《ほうじょう》氏は地方武士《ぶし》にすぎなかった。それが日本を支配《しはい》する武家政権《ぶけせいけん》の頂点《ちょうてん》に立ったのである。北条《ほうじょう》氏がそこまで成り上がった背景《はいけい》には、まちがいなく政子《まさこ》の力があった。

隠岐《おき》に流された後鳥羽上皇《ごとばじょうこう》は、延応《えんおう》元年（西暦《せいれき》一二三九年）に死ぬまで、帰還《きかん》を許《ゆる》されなかった。和歌への情熱《じょうねつ》はおとろえず、歌を詠《よ》んだり、歌集を編《あ》んだりして過《す》ごした。

後鳥羽上皇《ごとばじょうこう》は晩年《ばんねん》、『新古今和歌集』の修正《しゅうせい》をおこなったが、そのとき、最初の版《はん》に自分の歌を入れすぎたと反省している。志《こころざし》を果たせず、不自由な生活を送るなかで、何らかの心境《しんきょう》の変化があったのだろう。

承久《じょうきゅう》の乱《らん》について

承久《じょうきゅう》の乱《らん》は西暦《せいれき》一二二一年に起こった朝廷《ちょうてい》（後鳥羽上皇《ごとばじょうこう》）と鎌倉幕府《かまくらばくふ》（北条義《ほうじょうよし》時《とき》）の戦いです。しかけたのは後鳥羽上皇《ごとばじょうこう》ですが、幕府軍《ばくふぐん》が大勝して、朝廷《ちょうてい》と幕府《ばくふ》の力関係は大きく変わりました。

それまで、鎌倉幕府《かまくらばくふ》はおもに東国、東日本の政権《せいけん》でした。朝廷《ちょうてい》との関係では、幕府《ばくふ》を支配下《しはいか》におさめようとしていた後鳥羽上皇《ごとばじょうこう》に対し、幕府《ばくふ》側は対等の関係をめざしていました。

ところが、承久《じょうきゅう》の乱《らん》の結果、幕府《ばくふ》の支配権《しはいけん》は日本全国に及《およ》び、朝廷《ちょうてい》に対しても優位《ゆうい》に立って、天皇《てんのう》を選ぶほどの力をもちます。

その後、（後醍醐天皇《ごだいごてんのう》の建武《けんむ》の新政《しんせい》をはさんで）江戸幕府《えどばくふ》の滅亡《めつぼう》までつづく武士《ぶし》の支配《しはい》は、承久《じょうきゅう》の乱《らん》からはじまるのです。

　天下分け目の戦いとしては、関ヶ原の戦いが有名ですが、それは武士同士《ぶしどうし》の戦いで、どちらが勝っても政治体制《せいじたいせい》が大きく変わるものではありません。応仁《おうにん》の乱《らん》も同様です。

　対する承久《じょうきゅう》の乱《らん》は、朝廷《ちょうてい》と武家《ぶけ》の戦いであり、結果によって社会を一変させた大事件《だいじけん》でした。武士《ぶし》の支配《しはい》を終わらせた戊辰《ぼしん》戦争と並《なら》ぶ歴史的意義《れきしてきいぎ》があるとも言えるでしょう。

　ただ、そのわりに、承久《じょうきゅう》の乱《らん》は地味です。どんな戦いがあったのか、だれが指揮《しき》していたのか、知る人は少ないでしょう。戦力の差がありすぎて、あまりにもあっさり終わってしまったのが原因《げんいん》だと思われます。

　興味深《きょうみぶか》いのはむしろ、乱《らん》にいたるまで、北条義時《ほうじょうよしとき》が権力《けんりょく》を得《え》る過程《かてい》ではないでしょうか。血みどろの戦いと陰謀《いんぼう》合戦の末に、義時《よしとき》は幕府《ばくふ》の実権《じっけん》をにぎります。また、三代将軍実朝《しょうぐんさねとも》の暗殺《あんさつ》という、将来《しょうらい》の多くの可能性《かのうせい》を奪《うば》った事《じ》件《けん》もありました。この事件《じけん》がなければ、その後の歴史《れきし》は大きく変わっていたかもしれません。

したがって、本書では、承久《じょうきゅう》の乱《らん》を物語るのに、源頼朝《みなもとのよりとも》の死から書き起こしました。主人公のひとりが北条政子《ほうじょうまさこ》です。この人なくして、北条《ほうじょう》氏が武士《ぶし》の頂点《ちょうてん》に立つことはなかったでしょう。政子《まさこ》の人をみる目、人を動かす力は、ずばぬけていたと思います。

鎌倉《かまくら》時代というのは、元寇《げんこう》があったり、天災《てんさい》が多かったりと、苦しい時代ではありましたが、鎌倉仏教《かまくらぶっきょう》が発展《はってん》したり、貨幣経済《かへいけいざい》が広まったりと、現代《げんだい》につながる要素《ようそ》もあります。平安時代に比《くら》べると、宗教《しゅうきょう》や文化において、庶《しょ》民《みん》の顔が見えてくる時代でもあります。また、現代《げんだい》の鎌倉《かまくら》は当時の面影《おもかげ》を多く残していて、世界中の人々に人気のある街です。

承久《じょうきゅう》の乱《らん》を入口にして、鎌倉《かまくら》時代に興味《きょうみ》をもってもらえるとうれしく思います。

著者　小前亮（こまえ・りょう）

一九七六年、島根県生まれ。東京大学大学院修了。専攻は中央アジア・イスラーム史。二〇〇五年に歴史小説『李世民』（講談社）でデビュー。著作に『賢帝と逆臣と　康熙帝と三藩の乱』、『ヌルハチ　朔北の将星』（ともに講談社）、『月に捧ぐは清き酒　鴻池流事始』（文藝春秋）、『星の旅人　伊能忠敬と伝説の怪魚』、『渋沢栄一伝　日本の未来を変えた男』、「真田十勇士」シリーズ、「新選組戦記」シリーズ、『服部半蔵（上）（下）』（いずれも小峰書店）、『あきらめなかった男』（静山社）、「三国志」シリーズ（静山社ペガサス文庫）などがある。

画家　斎賀時人（さいが・ときひと）

兵庫県出身・在住。嵯峨美術短期大学非常勤講師。フリーランスのイラストレーターとして活動。書籍の装画を中心にCD、広告、ゲーム等のアートワークを手掛けている。

ものがたり日本の乱２

承久の乱　幕府と朝廷の絆がゆらぐ

2024年６月初版
2024年６月第１刷発行

著者　小前 亮
画家　斎賀時人
発行者　鈴木博喜
発行所　株式会社理論社
〒101-0062　東京都千代田区神田駿河台2-5
電話　営業03-6264-8890
編集03-6264-8891
URL https://www.rironsha.com

装幀　長﨑 綾（next door design）
組版　アジュール
印刷・製本　中央精版印刷
編集　小宮山民人

ISBN978-4-652-20609-6　NDC210　四六判　19cm　P143